Moussa Lahouam

Récit de la vie d'un jeune de la campagne

Moussa Lahouam

Récit de la vie d'un jeune de la campagne

Un chemin difficile pour une prouesse remarquable

Éditions Muse

Imprint

Cover image: www.ingimage.com

Publisher:
Éditions Muse
is a trademark of
Dodo Books Indian Ocean Ltd. and OmniScriptum S.R.L publishing group

120 High Road, East Finchley, London, N2 9ED, United Kingdom
Str. Armeneasca 28/1, office 1, Chisinau MD-2012, Republic of Moldova, Europe
Printed at: see last page
ISBN: 978-620-4-96504-8

MOUSSA LAHOUAM

Récit de la vie d’un jeune de la campagne

Un chemin difficile pour une prouesse remarquable

PC

03/03/2023

Dédicaces

Il m'importe grandement de consacrer le présent ouvrage de poche, intitulé "Récit de vie d'un jeune de la campagne", à la mémoire de ma mère bien-aimée, Hadja Yamina, que Dieu ait son âme. Sa persévérance et son dévouement infatigable ont été déterminants dans mon apprentissage, dès mes premiers pas dans l'apprentissage de l'alphabet jusqu'à l'aboutissement de mes études universitaires.

Je ne saurais faire fi de rendre hommage à ma grand-mère défunte, El-Yamna, dite Zeghouda, pour m'avoir encouragé et motivé dès ma tendre enfance, ainsi qu'à mon grand-père Tyeb et à mes oncles paternels, Ali, Djaballah et Ammar, pour leur précieuse assistance en m'accompagnant chaque début de semaine de mon douar Oued-El-Aar à l'école de Sédrata sur la jument, afin que je ne rate jamais un seul de mes cours. Par la même occasion, je souhaiterais exprimer ma reconnaissance envers la famille généreuse qui m'a accueilli au début de mon parcours scolaire, à savoir louem Messaoud dit Saou, malgré sa situation très précaire.

Je tiens également à exprimer ma profonde gratitude envers mon père, que Dieu le préserve, pour son soutien indéfectible tout au long de mon parcours.

Enfin, je tiens à adresser mes remerciements les plus sincères à l'ensemble de mes enseignants qui, à chaque étape de mon apprentissage, ont su me transmettre l'art de la lecture et partager leur savoir avec moi.

Moussa LAHOUAM

Introduction

J'ai rédigé cette autobiographie dans le but de mettre en lumière ma région ainsi que les contributions de ses habitants dans la lutte contre l'occupation coloniale. Je souhaite également relater les nombreux obstacles que nous avons dû surmonter, moi-même et mes contemporains de la première génération d'indépendance, dans tous les aspects de la société, y compris dans le domaine de l'éducation. Il est important de souligner le rôle fondamental qu'ont joué les jeunes de cette période, non seulement dans la lutte contre les troupes terroristes au sein de l'armée nationale populaire durant la décennie noire, mais aussi dans d'autres secteurs vitaux pour notre pays.

En tant qu'ancien officier supérieur de l'Armée Nationale Populaire, j'ai pris ma retraite à l'âge de 44 ans le 1er octobre 2005. Aujourd'hui, jeune retraité, j'ai plus de temps pour moi-même. Bien que je continue à superviser le petit commerce de mes enfants ou à donner des cours à la faculté des langues en tant qu'associé, mon activité professionnelle appartient désormais au passé. Ce temps libre est une ressource précieuse qui m'a souvent manqué par le passé. C'est une opportunité pour moi de prendre un nouveau départ et de me consacrer à de nouvelles activités en toute liberté. Je vais commencer par puiser dans les souvenirs soigneusement conservés dans ma mémoire.

Dans le présent récit de vie, je vais essayer de rester concis dans mes récits afin de préserver l'intimité des autres personnes impliquées et étant donné que je ne peux pas évoquer toute ma longue carrière professionnelle dans l'armée.

Mon enfance à la campagne

On dit que la nostalgie est souvent associée à des sentiments de regret envers des lieux ou des temps passés, qui nous évoquent des sensations agréables. Ainsi, je vais débuter par la période la plus marquante de mon enfance, qui correspond à ma jeunesse passée dans le hameau de Oued-el-Aar, situé à environ quinze kilomètres de Sedrata en direction de la ville de Guelma. Monsieur Abderrahmane Khemissi, éminent professeur de langue française, également originaire de Oued-el-Aar, le décrit dans l'introduction de son post Facebook en ces termes : "Mon douar porte bien son nom, un nom piquant, fort, qui ne laisse point indifférent, un nom que ses habitants, en fonction de leur sens de l'humour, aiment ou détestent, un nom amenant le sourire et le rictus, un nom évocateur, un nom à coucher dehors. En effet, « Oued El Aar » traduit signifie « Rivière du déshonneur »."

Tous les autochtones de cette vallée sont des Béni Oujana, une tribu Chaouia dont les origines, selon Marc Le Pape dans son ouvrage "Les Oujana de l'Aurès : chroniques d'une tribu", remontent à Yabous, situé dans la commune de Fais au nord de l'Aurès, à 60 km à l'est de Batna. La tribu des Béni Oujana, une fois installée sur son nouveau territoire, a irrigué la terre qui les accueillait, produisant des récoltes et des bénéfices, malgré la rugosité de son terrain et la rigueur de ses montagnes. Selon mon ami Abid Rachid, ancien sénateur et professeur de philosophie au lycée El-Ouerthelani de Sedrata, originaire de ce douar, cette vallée, nommée Ouedi Ar en Chaouia, signifiant « Vallée du Lion », est devenue pour les Béni Oujana leur refuge, leur moyen de subsistance ainsi que le symbole de leur victoire, de leur fierté, de leur dignité et de leur honneur. Ils ont prospéré pendant une courte période, bénéficiant de la stabilité, de la sécurité, jusqu'au jour où les colonisateurs d'outre-mer sont venus les priver de tout ce qu'ils avaient acquis grâce à leur labeur, leur sueur, leur sang et leur détermination

Peu importent les éventuelles significations du toponyme "Oued-El-Ar", ce douar conserve les plus belles aventures de mon enfance. Les montagnes que j'ai escaladées, les arbres que j'ai grimpés et les prairies que j'ai courues me rappellent, à chaque visite, une petite histoire dont j'étais le héros des chapitres. Je me sens tellement exalté quand je suis là-bas, car c'est là que j'ai passé la majeure partie de mon enfance. Rien ne vaut d'être sur sa terre natale. Cela me rappelle les personnes qui me sont très chères, dont la plupart ne sont malheureusement plus de ce monde, mais dont ma mémoire est encore peuplée de leurs visages ainsi que d'événements uniques et pleins d'émotion que j'ai vécus avec eux. C'était le bon temps.

Photo récente prise à mon douar (le 15/03/2023): Oued-El-Aar

C'est également le milieu idéal où je me rendais souvent pour me ressourcer et retrouver mes forces lorsque je me sentais dépassé, fatigué et épuisé par les exigences de la vie.

C'est dans ce douar que j'ai grandi et que j'ai appris à aimer la nature, à la respecter et à en prendre soin. Mon frère, mes deux sœurs et moi étions très proches de la nature, et nous passions beaucoup de temps à l'explorer. Nous nous promenions dans les collines et les forêts, à la recherche de plantes (herbes comestibles et aromatiques) et de fruits sauvages (mûrs, glands et autres), pour découvrir de nouvelles espèces d'oiseaux et observer les animaux sauvages qui rôdaient dans les lieux, comme les renards, les chacals et les lièvres. Nous nous baignions dans les ruisseaux et nous nous amusions à nager dans les petites retenues d'eau destinées à l'irrigation des bêtes. Nous jouions à des jeux de plein air et nous faisions des randonnées. Tous les jours, nous grimpions dans les différents arbres pour cueillir les fruits, tels que les pruneaux, les figues et les poires. La nuit, nous observions la lune, les étoiles et les constellations.

A la cueillette des narcisses à mon douar

Ces moments passés dans la nature m'ont permis de développer une profonde connexion avec elle et de mieux comprendre son importance pour la vie sur terre. Cette connexion m'a permis de mieux comprendre les enjeux écologiques actuels.

Sedrata, terre des héros et de la galette

Située dans la wilaya de Souk-Arras à l'est de l'Algérie, Sedrata a été le témoin d'événements historiques majeurs liés à la guerre de libération nationale durant la période coloniale. Des héros tels que Salah Soufi, Said Abid et d'autres combattants courageux ont été parmi les premiers à répondre à l'appel de la révolution du premier novembre 1954 contre l'occupant français.

Figure 1Houari Boumediane, Salah Soufi, Said Abid et d'autres chef de la révolution. (Photo postée par mon ami le professeur d'université Mourad Abid sur son Fcebook).

Depuis des siècles, cette ville a toujours été considérée comme stratégique pour les envahisseurs occidentaux en raison de ses vastes terres fertiles, exploitées pour la culture de céréales, d'abord par les romains puis par les français. Selon les natifs, cette particularité a d'ailleurs valu à l'une de ses régions l'appellation française de "terre de la galette", aujourd'hui connue sous le nom de Terreguelte.

Actuellement, Sedrata investit dans l'agriculture en cultivant principalement des blés dur et tendre, de l'orge, des féculents. Ces dernières années, elle devient également productrice de maricher en produisant des pommes de terre de bonne qualité en plus du melon très réputé à l'échelle nationale qui devient un label de Zouabi.

En élevant du bétail, notamment des bovins, des moutons et des chèvres, Sedrata devient très reconnue pour son marché aux bestiaux hebdomadaire, qui attire des acheteurs, surtout pendant le mois l'Aid elkabir, en provenance de villes voisines de l'est telles que Annaba, Souk-Ahras, Guelma, Skikda et El-taref. Ces spécificités agricoles ont contribué à faire de Sedrata un lieu de vie animé et dynamique durant ces saisons.

Il est important de souligner que certaines familles à Sedrata se distinguent par leur expertise en matière de dressage de chevaux originels pour des fins de fantaisie. Les Bensakhri, notamment, font partie de ces familles, et dont plusieurs membres comptent parmi mes amis les plus proches. Les chevaux ont joué un rôle prépondérant dans de nombreuses cultures à travers l'histoire, ce qui renforce l'importance de préserver ces compétences et traditions pour les générations futures.

Du point de vue culturel, Sedrata a vu l'éclosion de grands hommes de press dont je citerai mon ami Belkacem Djaafria d'El-djazira, ainsi que des écrivains de renommée internationale tels que Taher Ouettar et Kateb Yacine. Ce dernier a animé l'amphithéâtre de Khemissa durant les années soixante-dix et quatre-vingt en présentant ses pièces théâtrales les plus remarquables. En outre, la ville a également vu naître des sportifs de renom, à l'image d'Antar Yahia, le célèbre libéro de l'équipe nationale de football.

Malheureusement, les avantages susmentionnés ne procurent à cette région aucun bénéfice ou soutien de la part des autorités supérieures. Sa population se trouve confrontée à une marginalisation et un appauvrissement chroniques, sans que cela n'émeuve personne. Le taux de chômage et l'oisiveté incitent régulièrement les jeunes et les moins jeunes à passer leur temps dans les cafés, voire à sombrer dans la toxicomanie. Cette négligence se caractérise par le manque de planification de projets porteurs d'emploi et de richesse pour les autochtones, ce qui aura sans aucun doute des répercussions économiques sur l'ensemble du pays. Par exemple, la réalisation de petites usines de transformation de produits laitiers (lait, petit-lait, fromageries...), d'abattoirs, de textiles, de minoteries, etc., pourrait apporter un bénéfice économique considérable à la région.

Kateb Yacine participait au désherbage de la scène de l'amphithéâtre de Khémissa. (Photo postée par mon ami le professeur d'université Mourad Abid sur son Facebook)

En fin, j'aspire à ce que cette modeste contribution, présentée à travers ce poste, puisse toucher les cœurs sensibles et que mon message soit entendu, inchallah.

Ma naissance et ma scolarité à Sedrata

La guerre de libération a eu des effets néfastes et catastrophiques sur ma vallée. Notre maison a été saccagée puis détruite par l'armée coloniale française. La mule, les deux chevaux, l'ânesse et les vaches, qui fuyaient par peur d'être touchés par les engins, ont pour la plupart été tués par des balles ou blessés, le bétail constitué de chèvres et de brebis a été dispersé dans la nature, les volailles également. Tous les aliments ont été brûlés. Mes oncles paternels, mes tantes, ma mère et ma grand-mère avaient anticipé la rafle d'une heure et se sont évadés vers la ville de Sedrata en empruntant des sentiers difficilement praticables. Les soldats, les légionnaires sénégalais et les harkis, ôtant leur penchant humanitaire, sont devenus des monstres cruels capables d'assassiner, de tuer et d'accomplir des actes à la fois atroces et terribles. Ainsi, ils ont maltraité mon grand-père en lui portant des coups de poing, de pieds, de crosses d'armes et des gifles. Ils lui en voulaient parce qu'il avait continué d'abriter et de nourrir les moudjahidines, malgré plusieurs mises en garde. Quant à mon père, tout jeune et nouvellement marié, il a été ligoté et amené au camp. Il était présent sur les lieux avec son père pour l'aider à garder les bêtes et surveiller la maison.

Qu'y a-t-il de plus odieux que de massacrer et de torturer sans pitié ? Qu'y a-t-il de plus féroce et vulgaire que de battre une personne âgée devant son fils innocent, qui n'a rien fait de mal ? Qu'y a-t-il de plus désastreux que de mettre un pays à feu et à sang ? Le colonialisme ne fait que semer le mal et la terreur dans les cœurs des êtres et la désolation sur terre.

Photo de mon Douar que j'ai prise moi-même le vendredi 14/10/2022. Dans cette belle maison en arrière-plan au pied de la forêt et entourée de champs aux orées arborés, j'ai passé les meilleurs moments de mon enfance.

Après avoir trouvé refuge chez une famille située à une courte distance à l'est de Sedrata, à environ quatre kilomètres à vol d'oiseau, chez les Zaidi, des propriétaires terriens résidant à Hamimine, mon père nous a rejoints dès qu'il a été relâché par l'armée française. Il a été instantanément recruté comme chauffeur de tracteur chenillé et a immédiatement commencé ses nouvelles fonctions. D'autres tâches ont également été confiées à mes oncles, toujours au niveau de la ferme, qui s'occupaient du pâturage des troupeaux et du nettoyage des étables. La vie a repris son cours dans ce milieu qui semblait moins ciblé par les forces coloniales. C'est pourtant de cette même ville, Sedrata, que sont originaires les héros de la révolution Taher Zebiri, Saïd Abid, Salah Soufi et les autres.

Un jour hivernal du mois de février 1961, à neuf heures du matin, je suis venu dans ce monde grâce à ma mère qui a donné naissance à moi dans cette même maison. Ma mémoire n'avait gardé aucune trace de cet endroit étant donné que mon grand-père a, de nouveau, procédé à un déménagement avec l'ensemble de la famille afin de s'installer à Khemissa, un petit village attenant aux vestiges de la cité romaine Tubersucu Numidarum, située à dix kilomètres de Sedrata, ville numide édifiée par les romains au deuxième siècle de notre ère. C'est dans ce village que vit le jour, en 1963, ma défunte sœur cadette Khemissa, paix à son âme. Malgré mon jeune âge, j'arrive tout de même à me remémorer quelques séquences de cette période. En effet, je me rappelle bien de ma tante qui m'emmenait, quand j'avais à peine quatre ans, me promener dans les ruines. Nous y ramassions toute sorte de pièces de monnaies romaines, nous tentions désespérément de trouver des poteries non cassées pour jouer avec sur le site avant de rentrer à la maison. Nous ignorions complètement la valeur des dits objets qui étaient éparpillés sur les lieux à ciel ouvert sans aucune protection.

Khemissa, une ville antique, lieu de soulèvement contre l'occupant romain

Khemissa, auparavant désignée sous l'appellation de Tubursicu Numidarum, se situe dans la partie orientale de Sedrata, en Algérie. Jadis, cette cité a joué un rôle primordial sur le plan économique et culturel durant l'époque romaine. Au Ier siècle, Tacfarinas, un chef de tribu berbère originaire de la région, a dirigé une révolte contre l'Empire romain et mené une guérilla pendant près de dix années.

En sa qualité de guerrier aguerri et de meneur charismatique, ce héros a organisé une force de guérilla composée de Berbères locaux et déclenché des attaques contre les Romains à travers la Numidie. Bien que les occupants aient dépêché plusieurs légions pour réprimer la révolte, il a réussi à éviter toute confrontation directe avec les forces romaines.

Cependant, la rébellion a finalement été écrasée et Tacfarinas a péri au cours d'une bataille, sa tête ayant été envoyée à Rome comme trophée de guerre. Néanmoins, sa révolte a eu un impact significatif sur l'Empire romain qui a été contraint de renforcer sa présence militaire en Numidie et de prendre des mesures pour empêcher une nouvelle rébellion des autochtones.

Dans la ville antique Khémissa (Thebersicu Numidarum), la piscine romaine

De nos jours, les vestiges de Khemissa fournissent un aperçu fascinant de la vie dans cette cité antique, tandis que la révolte de Tacfarinas est considérée comme un moment important de l'histoire de l'Afrique du Nord, souvent étudié par les historiens et les archéologues.

Au village de Khemissa, tout semble s'organiser de manière favorable. La famille a pu s'installer dans une spacieuse demeure, propriété d'une coopérative agricole de l'État. Mes oncles se consacrent à la culture des terres fertiles et à l'exploitation maraîchère sur ce même domaine. En ce qui concerne mon père, en 1964, il a émigré en France pour travailler dans le secteur du bâtiment en qualité d'ouvrier. Mon grand-père ne cesse de méditer sur son désir de regagner sa terre natale afin de reconstruire sa demeure et de s'y établir de manière permanente. Afin de concrétiser son projet, il a judicieusement utilisé les mandats envoyés par mon père pour acquérir d'abord une petite bâtisse dans le quartier communal de Sedrata. Cette acquisition lui a permis de se rendre sur place et de débuter les travaux nécessaires à Oued-el-aar, avant de la revendre par la suite pour achever sa propre habitation, où il s'installera de manière définitive.

Cependant, n'ayant pas été en mesure de terminer les travaux en temps voulu, il a dû chercher un autre lieu de résidence temporaire chez une de ses connaissances à la montagne El-Maida, qui surplombe la ville de Sedrata et en constitue l'un de ses symboles géographiques. C'est à cet endroit qu'est né mon frère cadet Aissa en 1965. C'est également là que s'est achevée notre période de voyage forcé avant notre retour tant attendu sur la terre de nos ancêtres.

Durant toute cette période, mon père était absent de notre rencontre, ayant continué à exercer en France jusqu'en 1985. Nous ne le voyions qu'une fois par an pendant ses congés. Pendant la quasi-totalité de cette longue période, il a pris en charge presque entièrement notre grande famille, notamment en matière de subsistance et d'habillement.

Ma défunte mère était extraordinaire

Ma mère, que Dieu ait son âme, était une personne exceptionnelle. Elle avait une force de caractère, une grande générosité et une tendresse infinie pour ses enfants. Elle a su faire face aux difficultés de la vie pour nous élever avec dévouement et compassion. Sa bonté et son amour ont inspiré de nombreuses personnes autour d'elle et ont laissé une empreinte indélébile dans nos vies.

Lorsque j'eus atteint l'âge de six ans, mon père ayant émigré en France, ma mère commença à s'inquiéter de mon sort. Elle ne souhaitait pas me voir demeurer dans la campagne et subir mon destin. Elle désirait ardemment que j'intègre une école, quelles que soient les circonstances. Elle en parla alors à ma grand-mère, sollicitant son frère établi à Sedrata, afin qu'il puisse me prendre en charge dans un premier temps. Cette dernière hésita un instant, étant donné la situation précaire de son frère, très pauvre et ayant plusieurs enfants à charge. Il s'appelait Messaoud et connu communément par le surnom Saou. Il occupait un hangar qu'il avait investi après le départ des militaires français, et travaillait comme veilleur à la médersa El-hayet.

En effet, avant le mois d'août 1967, il s'est présenté au douar pour m'accompagner lui-même. Il a préféré que je suive des cours à l'école coranique au moins un mois à l'avance afin de m'initier à l'art de l'écriture et de la lecture. Une fois arrivé chez lui, la veille même, j'ai commencé, accompagné de son fils Nacer, notre premier cours chez Si Hocine Debabza, que Dieu ait son âme. Par la suite, j'ai repris mes études en tant qu'élève de première primaire avec mon premier enseignant, le défunt Djemil Seddik, que Dieu ait son âme.

Il s'agissait de ma première découverte de l'école ainsi que de la fréquentation d'enfants autres que mes frères et ceux que je connaissais dans mon douar. Leurs différences étaient flagrantes, tant dans leur habillement, leur comportement que leur langage. Au début, ils se moquaient et riaient de moi, ce qui me conduisait à rentrer chez mes hôtes, chaque jour, en larmes et découragé. Néanmoins, j'ai fini par apprendre à les affronter et à les vaincre lors des bagarres qu'ils me provoquaient presque quotidiennement. Lors des remises de carnets de classement, j'étais toujours parmi les meilleurs de la classe, voire le premier parmi les quarante-deux élèves qui la composaient. Cette situation perdura jusqu'en sixième année, où j'obtins une excellente moyenne, à l'issue de laquelle ma grand-mère organisa une surprise qui s'apparentait plus à une fête traditionnelle de la campagne.

Les résultats remarquables que j'ai inlassablement obtenus ainsi que mon frère et ma sœur au primaire et ultérieurement dans les autres paliers d'enseignement, moyen et secondaire, n'auraient pu être atteints sans l'engagement soutenu de ma mère. En effet, c'est grâce à son insistance que mon père a pris la décision d'acquérir une modeste demeure dans la cité des jardins (djnanette) où nous avons pu poursuivre nos études dans un environnement de qualité.

Toutefois, je ne saurais passer sous silence les autres obstacles auxquels j'ai dû faire face durant mes études en cette deuxième phase d'enseignement. En effet, après avoir obtenu son indépendance, l'Algérie s'est engagée dans une politique visant à renforcer l'usage de la langue arabe dans l'enseignement moyen et secondaire, en faisant appel à des enseignants issus de divers pays du Moyen-Orient. Cette entreprise n'a cependant pas tenu compte des disparités linguistiques et culturelles, ce qui a eu des répercussions néfastes sur les apprenants.

Les enseignants étrangers ont souvent utilisé une forme phonétiquement différente de l'arabe parlé en Algérie, créant ainsi une barrière linguistique avec la majorité des élèves. Ces derniers ont éprouvé des difficultés à comprendre les contenus dispensés, ce qui a considérablement entravé leur capacité à suivre les cours.

En outre, les enseignants ont importé leur propre culture et leurs traditions, ce qui a constitué un obstacle à une véritable interaction. L'incompétence et le comportement indigne de certains de ces enseignants ont également été observés. Cela pourrait être dû à l'absence de moyens de pré-embauche chez les autorités algériennes à cette époque, étant donné l'urgence et la pression exercée sur l'État pour répondre aux besoins éducatifs de ses enfants.

La barrière linguistique, culturelle et morale que j'ai rencontrée a eu des répercussions néfastes sur ma personne et aurait pu entraver la poursuite de mes études dans les niveaux supérieurs ainsi que ma carrière future. Deux exemples liés à ce phénomène, dont j'ai moi-même été témoin ainsi que l'un de mes camarades de classe au CEG Barour Abdelaziz à Sedrata, peuvent être cités afin d'illustrer ces conséquences préjudiciables. Je me souviens d'une journée où j'étais présent en deuxième année de cours, pour une séance de sciences naturelles dispensée par un professeur syrien dont j'ai oublié le nom. J'étais assis à la première table, en première rangée, près de la porte, avec mon camarade Sellaoui Abdelkrim. Le titre de la séance était "Le squelette du chimpanzé". Lorsque notre enseignant m'a demandé de monter au tableau pour l'aider à afficher des posters portant des images des ossements du singe et de son crâne, je n'ai pas été en mesure d'exécuter ses instructions relatives à l'ordre d'affichage des dessins. Pensant que je me moquais de lui pour amuser mes pairs, il a commencé à s'énerver face à mon comportement et a employé des expressions et des mots qui m'étaient étrangers et très différents de l'arabe classique ou de notre arabe dialectal, tels que "Iafel Bouak...Iafel Bouak...Ouajaa f'batnek...etc", qui se traduisent en français par "Ferme ta bouche...Ferme ta bouche...Que le mal te frappe au ventre...etc". N'ayant rien compris à ses propos et face aux éclats de rire des élèves, j'ai moi aussi éclaté de rire. Fou de rage, l'enseignant s'est acharné sur moi en me donnant des coups de poing au ventre et sur tout le corps pendant un long moment, avant de me laisser regagner ma place sous les insultes.

Le second événement marquant concerne mon ami défunt, Bensakhri Hamid, que son âme repose en paix. Brillant en mathématiques, il était souvent notre aide précieuse pour la préparation des travaux à faire à la maison. Lors d'une séance de correction de copies d'examen, nous avons tous été sanctionnés d'un zéro, à l'exception de Hamid qui a obtenu la note de 18/20, ce qui ne nous a pas étonnés étant donné ses compétences avérées dans cette discipline. Cependant, il a été maltraité par notre enseignant égyptien, Ahmed Ghounim, qui lui a infligé une série de coups de règle, suivis de coups de poing sur la tête et sur le corps, sous le prétexte qu'il aurait copié, alors que nous avions tous obtenu la note de zéro.

Nous étions tous très choqués par le comportement illogique et insensé de ce professeur. En dehors de l'établissement scolaire, Hamid m'a confié que M. Ghounim avait fait preuve de vengeance envers lui en se rendant chez l'étal de son père pour acheter de la viande, et c'est par hasard que c'est Hamid qui l'a remplacé. Pensant que mon ami ne le laisserait pas payer, M. Ghounim a agi de manière cruelle pour se faire justice.

Du lycée, directement à l'école militaire

Pendant les années lycée, et à l'instar de la majorité des lycéens, tous mes efforts étaient concentrés sur la préparation du bac. Je n'avais qu'à me préoccuper de mes cours et de mes révisions. A l'école militaire, c'est une toute autre histoire : je suis entré directement dans la vie d'adulte, je devais absolument compter sur moi-même et assumer entièrement toutes mes responsabilités. Fort heureusement, les années d'études supérieures dans l'armée aussi difficiles puissent-elles paraître, s'avèrent elles aussi, source de merveilleux souvenirs. Sauf que, comme pour le lycée, on s'en rend compte qu'une fois le parcours terminé, le diplôme décroché...ou quand on est carrément à la retraite.

Cependant, je ne saurais quitter cette étape lycéenne sans évoquer l'anecdote suivante, par le biais de laquelle je tiens à rendre un vibrant hommage aux personnes qui m'ont prodigué leur aide durant les moments les plus éprouvants que j'ai traversés.

Au lycée El-Hossein El-Ouerthelani à Sedrata, durant l'année scolaire 1978/1979, j'effectuais ma deuxième année d'études. À cette époque, la plupart des enseignants étaient d'origine étrangère, principalement égyptiens, palestiniens, syriens, irakiens, quelques français et très peu d'algériens. Je me souviens d'un enseignant dont le nom était composé de trois parties, dont la dernière était Antonios, un chrétien égyptien. Cet homme grand de taille, corpulent, brun aux yeux clairs, barbu et toujours élégamment vêtu, était un enseignant d'anglais hautement qualifié.

Un jour, lors d'une séance de cours, il posa son cartable en cuir sur le bureau, sortit ses affaires et nous demanda d'ouvrir nos livres à une page donnée. Le titre du texte était "Fire in the forest", qu'il avait lui-même écrit sur le tableau. Il le lut deux fois, comme à son habitude, puis ce fut à notre tour de le faire, tour à tour une fille ou un garçon parcourant un paragraphe. Vers la fin de la séance, il nous donna la tâche de réaliser un petit projet consistant à illustrer par un dessin avec de la peinture sur un papier grand format, les événements contenus dans le cours, pour l'utiliser la semaine suivante lors de l'explication du texte.

De retour chez moi, j'ai demandé à mon grand-père de me donner l'argent pour acheter de nouvelles fournitures, car mon père était absent, travaillant en France. Aussitôt, j'ai récupéré les fournitures chez Kaddour Aouaifia, le libraire, paix à son âme. J'étais si motivé que j'ai commencé à travailler dès le soir même. Cela me semblait plus être un jeu de loisirs qu'un devoir à réaliser et j'ai fini tard dans la nuit. Il ne me restait plus qu'à attendre impatiemment le jour J pour le remettre.

En effet, une semaine plus tard, en classe, notre professeur a commencé à faire le tour des tables pour voir nos travaux. Lorsque mon tour est arrivé, il a pris ma planche entre ses mains, a légèrement hoché la tête et m'a demandé en colère : "Où as-tu vu un lac avec une couleur bleu foncé comme ça ? C'est très laid ! Cela aurait pu être un bon tableau si ce n'était cette absurdité !" Puis il a posé ma feuille sur la table pour continuer sa ronde. Dès qu'il a terminé son parcours, il est revenu vers moi, a pris ma feuille et a rejoint son bureau pour dispenser le cours. Pourtant, il s'en est servi à chaque fois pour nous expliquer le texte, tout en me faisant la même remarque avec des tons humiliants.

Le comportement de l'enseignant à mon égard, qualifié de moralement agressif, a provoqué chez moi une grande déception, une colère intense et des larmes aux yeux, d'autant plus que cet acte s'est produit devant mes camarades de lycée, en particulier les filles, à un âge où nous sommes encore adolescents.

Sur le chemin du retour à la maison, j'ai pris la décision de ne plus retourner au lycée et de mettre fin à mes études. Malgré les tentatives de ma mère pour me convaincre de changer d'avis, y compris en prenant des mesures disciplinaires, j'ai maintenu ma décision. Ma mère est désemparée et préoccupée, devant la pression qu'elle subit en l'absence de mon père, tandis que mon grand-père, qui est occupé à superviser les tâches agricoles de mes oncles au Douar, reste indifférent. Bien que mon frère et sœurs, malgré leur jeune âge, aient essayé de me raisonner, mais en vain.

Le temps s'était écoulé et cela faisait plus de quinze jours que je n'avais pas mis les pieds au lycée. Mes camarades, inquiets, venaient presque chaque jour demander de mes nouvelles. Je ne sortais pas les recevoir et confiais cette tâche à mon frère, leur disant que j'étais un peu malade et que je retournerais à l'établissement dès que je serais rétabli.

Face à cette situation, ma mère décida de prendre les choses en main pour mettre fin à ce problème. Ainsi, un jour de bon matin, elle me réveilla pour l'accompagner chez un médecin, sous prétexte qu'elle se sentait malade. Elle était déjà vêtue et ne lui restait plus qu'à enfiler sa "melaya", une sorte de voile noir qui n'avait rien à de religieux, mais qui était très prisé chez les femmes de l'est du pays à cette époque et qui constituait également leur fierté.

Dès que nous sommes sortis de la maison, elle me demanda de l'accompagner au centre de santé, une nouvelle structure médico-sociale nouvellement inaugurée, située sur le même chemin menant au lycée depuis la cité des jardins (Djenanette), où j'habite. J'ai hésité un instant, et lorsque cela s'est manifesté sur mon visage, elle m'a rassuré qu'elle n'avait l'intention d'aller nulle part ailleurs qu'au centre de santé. Nous avons donc continué notre chemin jusqu'à atteindre notre destination. A l'entrée, le gardien nous a arrêtés en nous informant que le médecin généraliste venait de partir et que nous devrions revenir plus tard, lorsqu'il serait de retour. Face à l'insistance de ma mère, un jeune homme très élégant, portant une blouse blanche et des lunettes aux verres épais, sortit de la structure et ordonna au vigile de nous laisser entrer. Il nous fit signe de le suivre jusqu'à son bureau. Une fois installés, il demanda à ma mère : "Qui est malade ?" Après un moment de réflexion, elle lui répondit : "En réalité, Monsieur, personne n'est malade. Si je suis ici, c'est à propos de mon fils." Elle éclata en sanglots. Le jeune homme parvint à la calmer gentiment. Elle continua en lui racontant toute ma situation et le supplia de me fournir un certificat médical de vingt jours pour que je puisse justifier mon absence et reprendre mes études. Le jeune homme, ne pouvant contenir sa colère, se tourna vers moi et me reprocha vertement mon comportement. Ce dont je me souviens de ses propos à ce jour est ceci : "Tu n'es pas encore un homme. Ce n'est pas à toi de prendre de telles décisions graves en abandonnant les cours. Le jour où tu obtiendras ton diplôme et lorsque tu auras terminé ton service national, tu pourras faire ce que tu veux. De plus, ton père est à l'étranger, tu dois alors assumer certaines responsabilités." Il ne dit plus un mot. Il prit une feuille blanche sur laquelle il rédigea un paragraphe de qualité, puis la glissa dans une enveloppe qu'il signa et tamponna avant de me la remettre. Il m'ordonna ensuite de la remettre immédiatement, de main à main, au surveillant général du lycée.

Le vaillant et généreux individu en question n'est autre que Mohamed Tlili, à qui je dois toute ma reconnaissance et mes éloges. Sans son aide, il est possible que mes études et mon destin auraient pris une voie différente. Je suis malheureusement ignorant de sa situation actuelle. La dernière fois que j'ai eu l'honneur de le rencontrer remonte à plusieurs années de cela, alors que j'étais encore dans les rangs. Nous avons partagé un café chez Saïd Haddadi, où j'ai pris plaisir à lui rappeler ses bienfaits à mon égard. Il est fort possible qu'il ait oublié cet événement, mais j'étais heureux de pouvoir lui exprimer ma gratitude.

Comme promis à Mohamed, le lendemain matin, je me suis rendu au lycée pour rencontrer le surveillant général, Mr. Ahmed Bouras, que son âme repose en paix. Cet homme, une figure emblématique de Sedrata, était très respecté et avait consacré sa vie à l'éducation. Je lui ai remis l'enveloppe sans qu'il ne la consulte ou ne me pose de questions, il m'a guidé jusqu'à ma salle de classe. Il semblerait que Mohamed Tlili lui ait tout expliqué. Avec l'aide de mes collègues et l'intervention de ces deux grandes personnalités, ainsi que grâce à ma merveilleuse mère, j'ai pu récupérer mon retard et passer en troisième année du secondaire avec une moyenne satisfaisante.

Un départ nostalgique vers une carrière passionnante au sein de l'ANP

En quittant ma charmante petite ville natale de Sedrata ainsi que mon douar d'enfance, où j'ai grandi, et en laissant derrière moi mes proches, mon jeune frère (aujourd'hui devenu médecin) ainsi que mes deux sœurs (la plus jeune vient de prendre sa retraite proportionnelle en tant qu'enseignante au technicum, tandis que la seconde, qu'Allah ait son âme, est décédée des suites du Corona virus à Constantine), mes parents, mes cousins et mes amis d'enfance, je fus submergé par un sentiment nostalgique. En cette année 1980, j'ai cru que je ne retournerais jamais dans ces lieux après avoir pris la décision de réintégrer l'École des Infrastructures Militaires (EAI) de Béjaïa. Faire une longue carrière en tant qu'officier au sein de l'ANP était pour moi un rêve à réaliser et il n'était plus question de revenir sur ce choix. J'ai toujours aimé cette institution par passion et rien ne pouvait m'empêcher de m'y engager. Je savais pertinemment que je passerais le reste de ma vie en service actif dans tout le territoire national et qu'il serait très difficile de revivre les bons moments passés, et qu'à ma mort, il se peut que je sois enseveli dans une terre où mes ancêtres ne reposent pas.

L'expérience émotionnelle de mon entrée en tant qu'élève officier dans l'école d'application des infrastructures militaires de Béjaïa fut à la fois intense et difficile. Les sentiments oscillèrent entre l'excitation, l'anxiété, la peur, la solitude et l'incertitude. Quitter sa famille et ses amis pour intégrer un environnement inconnu représente un défi de taille.

Toutefois, avec le temps qui s'écoule, l'adaptation à cette nouvelle situation s'est opérée promptement. Bien que l'immersion dans un environnement strict et discipliné puisse avoir suscité une certaine appréhension au départ, elle a néanmoins favorisé l'établissement d'une routine, d'une discipline personnelle et d'une responsabilité individuelle. En présence de mes amis d'enfance et de lycée, notamment Saadaoui Khemissi, feu Bensakhri Hamid et Sellaoui Abdelkrim, qui aspiraient à faire carrière dans l'armée, ainsi que de mes pairs, les autres élèves officiers, nous avons progressé rapidement, conscients que notre réussite dépendait de notre propre capacité à suivre les règles et à assumer nos actes.

Les défis de l'Armée Nationale Populaire face aux événements tragiques de 1992 en Algérie

En l'année 1983, à l'âge de vingt-trois ans, j'eus l'honneur de finaliser mon cursus de formation, d'acquérir mon diplôme et de décrocher ma première étoile, grade de sous-lieutenant. Cet accomplissement fût une source de grande allégresse pour moi ainsi que pour mes compagnons d'armes, étant donné que ces succès préfiguraient la réalisation d'un rêve longuement caressé.

J'ai alors commencé mes fonctions en assumant diverses fonctions de responsabilité que j'ai su gérer avec succès. J'ai exercé dans plusieurs régions militaires à travers le territoire national. L'avantage d'être dans l'armée réside dans la possibilité de rencontrer des pairs venus de tout le pays. Cette opportunité fut pour moi enrichissante et unique de découvrir pour la première fois de nombreuses villes et sites, et de vivre en compagnie d'autres concitoyens de diverses origines et cultures, tout en établissant des relations harmonieuses, y compris avec nos familles, qui sont encore d'actualité aujourd'hui.

En dépit des difficultés et des vicissitudes inhérentes à notre profession, qui reflètent celles de l'ensemble des secteurs prédominants dans notre pays, mes collègues et moi-même, ainsi que l'ensemble des composantes de l'Armée Nationale Populaire, exécutons consciencieusement toutes les missions qui nous sont confiées, avec dévouement et abnégation, dans un esprit de fraternité et de solidarité. Malheureusement, cette situation idyllique n'a pas perduré, puisque survinrent en 1992 les événements tragiques et cauchemardesques qui plongèrent notre cher Algérie dans le chaos.

En qualité d'officier ayant suivi un cursus de formation atypique sur le plan opérationnel (j'ai suivi des études de technicien supérieur à l'École d'Application des Infrastructures Militaires de Béjaïa, ainsi qu'un diplôme équivalent à une licence en management à l'ESAM d'Oran), je n'ai pu contribuer directement aux opérations de lutte contre le terrorisme menées par mes pairs. Néanmoins, je suis en mesure de témoigner des efforts considérables déployés par l'armée nationale populaire algérienne pour mettre un terme aux violences terroristes survenues durant la décennie noire en Algérie.

Cette période de troubles a été l'une des plus sombres et des plus sanglantes de l'histoire algérienne. Des groupes djihadistes ont attaqué des civils, des hauts responsables gouvernementaux, des journalistes, des intellectuels et des membres des forces de sécurité, faisant usage de tactiques brutales telles que les attentats-suicides, les massacres collectifs et les enlèvements.

Au cours de cette période difficile, l'armée nationale populaire algérienne a œuvré sans relâche pour neutraliser les groupes terroristes et mettre fin à la violence. Les officiers, sous-officiers et hommes de troupes ont fait preuve d'un courage, d'une détermination et d'une solidarité exemplaires pour protéger les citoyens algériens contre les menaces terroristes. Grâce à ces efforts colossaux, la décennie noire a finalement pris fin en 2002 avec la reddition des terroristes et l'acceptation d'une réconciliation nationale qui a mis un terme au conflit.

En conséquence, il est de la plus haute importance de rendre hommage à mes collègues et à tous ceux qui, au prix de leur sang et de leur vie, ont déployé des efforts inlassables et fait preuve d'un dévouement sans faille pour sauver des milliers de citoyens algériens et leur permettre de vivre dans la paix et la sécurité.

Ma décision de prendre ma retraite

Au vu de mes vingt-cinq années de service au sein de l'armée, ainsi que de l'existence d'une législation permettant de bénéficier d'une retraite proportionnelle, j'ai pris la décision de solliciter ma retraite en 2005, à l'âge de quarante-quatre ans.

Cette décision fut motivée par la reddition des derniers groupes terroristes et leur soumission à la loi de la concorde nationale votée par le peuple. De plus, je me sentais encore plein de vigueur et apte à m'essayer à de nouvelles activités dans d'autres domaines de la vie civile. Je nourrissais également le désir de retrouver mes proches, en particulier mes parents, afin de partager librement avec eux tout événement. Enfin, il était primordial pour moi de consacrer mon temps à l'éducation et à l'enseignement de mes enfants.

D'autres raisons avaient marqué en ces dernières années-là, qui ont suivi la décennie noire, le départ de nombreux jeunes officiers de l'Armée Nationale Populaire. Je citerai à titre d'exemple, la promotion d'un grade à un autre nécessitait beaucoup de temps, ce qui rendait la progression hiérarchique difficile. Cette situation s'est également appliquée à moi, et j'ai quitté l'armée avec le grade de commandant, tandis que des officiers ayant été incorporés après moi ont atteint des grades plus élevés. Par conséquent, les promotions récentes ont dépassé celles de leurs ex-supérieurs, ce qui a conduit à l'émergence d'une nouvelle génération pratiquement inexpérimentée, ayant eu peu de contacts avec la précédente. Cette situation s'est manifestée par la suite par des arrestations et des procès devant les tribunaux militaires pour mauvaise gestion et autres fautes commises par certains de ces officiers.

Néanmoins, je rends un hommage appuyé à certains de mes supérieurs au sein de la direction centrale qui ont cherché à me faire changer d'avis et à me convaincre de patienter, étant donné que je suis encore jeune et que j'ai un avenir prometteur devant moi. Ils m'ont également promis une promotion imminente dans mon grade et dans mes fonctions.

Cependant, ma décision étant déjà prise et mes projets pour l'après-retraite étant déjà établis, je ne peux plus reculer à présent.

En dernier lieu, il me revient également de mentionner que, d'après certains de mes collègues qui furent auparavant des jeunes officiers et qui sont encore en fonction, le haut commandement des forces armées a remédié à ses anomalies et a rectifié toutes les insuffisances. Les avancées sont perceptibles quotidiennement, que ce soit à l'égard des règlements ou sur tous les autres plans.

Les circonstances de mon mariage précoce

En 1984, le mariage ne figurait pas parmi mes priorités, car je devais tout d'abord améliorer ma situation sociale et aider mon père qui préparait son départ définitif pour rentrer en Algérie. Il souhaitait réunir des fonds pour acheter et ramener deux véhicules, l'un commercial qui serait exonéré des droits de douane, et l'autre touristique sur lequel je devrais payer les taxes moi-même, conformément à la loi qui prévalait autrefois, à condition qu'il remette sa carte de résident aux autorités, ce qui a été fait.

De plus, je n'avais à l'époque aucune fille en tête pour la demander en mariage, à part quelques connaissances ici et là, comme tous les jeunes de mon âge. Cependant, ma mère était très insistante sur ce sujet et exerçait beaucoup de pression sur moi chaque fois que je rentrais en permission. Cette insistance était due à sa crainte que je choisisse comme épouse toute autre femme que ni elle ni notre famille ne connaissait, ce qui était étrange dans notre culture.

Finalement, c'est sous cette pression familiale que j'ai fini par me soumettre à sa demande et d'accepter le mariage à un jeune âge, à condition qu'elle me propose des noms et des familles et je chargerai par la suite mes amis et mes connaissances à Sédrata pou des éventuelles enquêtes. Une fois ma permission expirée, j'ai regagné mon unité à Béjaia. Quelques jours plutard, je reçois un appel téléphonique de la part de mon frère Aissa, lycéen en troisième année, pour me proposer en mariage, une jeune fille qui étudiait avec lui depuis trois ans. Il s'agit de la benjamine d'une famille connue au village, elle avait trois frères et deux sœurs, tous mariés.

Rencontre avec une inconnue

La jeune femme que mon frère m'avait recommandée a donné son accord de principe pour nous rencontrer, car elle est informée de nombreux détails à propos de ma famille et de moi-même, que mon frère lui avait confiés. Malgré cela, elle souhaitait avant tout que notre première rencontre ait lieu dans l'établissement où elle travaille, où son défunt frère aîné exerçait en tant que psychologue.

Après un mois, j'ai pris quelques jours de congé et dès mon arrivée à Sedrata, je me suis rendu à sa rencontre. Je ne connaissais pas encore son visage, car elle avait refusé de fournir une photo. J'ai alors demandé au gardien de la porte de m'accompagner chez elle, mais il m'a informé que je devais attendre à l'extérieur car elle allait bientôt sortir.

Après l'écoulement de deux vagues d'élèves se précipitant hors des portes du lycée en hurlant de joie à l'idée d'avoir terminé leur journée, j'ai aperçu sa silhouette s'avançant vers moi d'un pas peu ordinaire. Elle m'a gratifié d'un sourire lointain, connaissant mon visage grâce à mon frère qui avait tenté de la convaincre à mon sujet en lui montrant plusieurs photographies de ma personne. De surcroît, le vigile s'est précipité vers elle pour m'en avertir. Elle s'est approchée, m'a tendu la main en me saluant, puis m'a fait signe de la suivre afin de nous éloigner du poste de police. Son attitude trahissait une certaine perturbation, et chaque fois que je m'adressais à elle, elle rougissait intensément, ce qui ne manquait pas de me troubler moi-même. Toutefois, je trouvais cela parfaitement normal, étant donné que c'était notre première rencontre.

Ma première rencontre avec celle qui allait devenir ma fiancée, mon épouse et la mère de mes enfants fut un moment magique. Dès que je l'ai vue, j'ai su que c'était elle. Elle était celle que j'avais toujours imaginée, avec sa taille élancée, ses cheveux soyeux, ses yeux marrons et sa posture gracieuse. Même son nom sonnait parfait à mes oreilles.

Nous avons timidement discuté tout au long de notre trajet jusqu'à chez elle, chacun de nous essayant de percer les mystères de l'autre en lançant des regards furtifs. Bien que cette rencontre ait été courte, nous avons échangé nos coordonnées, nos adresses et nos numéros de téléphone fixe. Dès mon retour à Béjaïa, nous avons commencé une correspondance épistolaire passionnée, écrivant des lettres d'amour que nous gardons encore précieusement dans nos albums aujourd'hui.

Le bonheur que j'ai ressenti lors de cette rencontre était indescriptible. C'était comme si le destin avait mis sur mon chemin la personne que j'avais toujours cherchée. Depuis ce jour, nous avons construit une vie merveilleuse ensemble, faite d'amour, de confiance et de soutien mutuel. Je suis reconnaissant chaque jour d'avoir rencontré cette merveilleuse femme et d'avoir la chance de partager ma vie avec elle.

Ma femme : une bénédiction dans ma vie.

Ma femme est un véritable trésor, un joyau précieux dans ma vie. Elle est l'incarnation de la bienveillance, de la patience et de l'amour inconditionnel. Malgré mes sautes d'humeur et mes exigences parfois déraisonnables, elle a toujours su garder son calme et m'aider à traverser les moments difficiles avec une grande sagesse.

Je suis tellement reconnaissant envers elle pour tout ce qu'elle a fait pour moi et ma famille. Elle est toujours prête à aider, à écouter et à conseiller, sans jamais se plaindre ou chercher à imposer son point de vue. Sa gentillesse et sa générosité sont sans limites, et elle se dévoue corps et âme pour ceux qu'elle aime.

Je me souviens particulièrement de la période où ma mère était malade et que mon père avait besoin d'assistance pour ses rendez-vous médicaux. Ma femme a pris en charge tout cela avec une grande efficacité et une grande bienveillance. Elle s'est occupée d'eux comme si c'étaient ses propres parents, leur offrant tout le soutien et le réconfort dont ils avaient besoin.

Et que dire de ses qualités de mère ? Elle est une véritable superwoman, capable de jongler entre les tâches ménagères, les activités scolaires des enfants avec une aisance déconcertante. Elle a su transmettre à nos enfants des valeurs de respect, de travail acharné et de compassion, et les a aidés à devenir des adultes responsables et bienveillants.

En somme, je ne saurais exprimer assez ma gratitude envers ma femme pour tout ce qu'elle a fait pour moi et ma famille. Elle est une véritable bénédiction dans ma vie, et je suis fier et reconnaissant de l'avoir à mes côtés. Si je devais revivre ma vie, je ne changerai rien à ma décision de l'épouser, car elle est tout simplement la meilleure chose qui me soit arrivée.

Remerciement

Je ne saurais achever ce chapitre sans rendre hommage à feu ma regrettée mère Hadja Yamina, que son âme repose en paix, pour m'avoir contraint à contracter un mariage précoce. Tout le bien-être dont je jouis aujourd'hui dans mon foyer est indubitablement attribuable à sa persévérance. Je lui adresse ainsi mes plus sincères remerciements.

S'agissant de toi, mon cher frère Aissa, le don inestimable que tu m'as offert restera gravé à jamais dans ma mémoire. Je te suis infiniment reconnaissant.

Mon passage à l'université d'Annaba

Parmi les buts que j'ai établis pour ma retraite, bien que ce ne soit pas la tâche la plus importante, figure la supervision de l'éducation de mes enfants. En effet, après que mon fils aîné, Med Oussama, et sa sœur ont obtenu leur baccalauréat et poursuivent des études respectivement dans les domaines de la finance et de l'informatique, il est de mon devoir de superviser également leur frère cadet, Med Larbi, surnommé Sissou, afin qu'il puisse les rejoindre dans leurs parcours académiques.

Ce que j'ai remarqué chez Sissou est son manque d'implication dans ses études au lycée. Au début, il a émis des critiques à l'encontre de la filière scientifique qu'il suivait, comme cela avait été le cas pour son frère, sa sœur, sa mère et moi-même dans le passé. Lorsque nous lui avons permis de se réorienter vers une filière littéraire ou linguistique, il persistait à affirmer que poursuivre des études universitaires et obtenir un diplôme ne présentait aucun intérêt. Il multipliait les prétextes fallacieux pour éviter de se préparer sérieusement pour son baccalauréat.

Il est normal pour les enfants de changer d'intérêts et de préférences au fil du temps, et cela peut inclure un désintérêt pour les études ou une branche spécifique. Cependant, cela peut être un signe de problèmes plus profonds tels que la démotivation, la confusion quant à leur avenir ou un manque d'estime de soi.

Ceci m'a conduit à discuter avec lui à plusieurs reprises pour essayer de comprendre pourquoi il s'intéresse moins à ses études et pourquoi il pense que l'obtention d'un diplôme n'a aucun sens.

Afin de le motiver, de maintenir une communication ouverte avec lui et de lui apporter un soutien émotionnel, j'ai décidé de passer le baccalauréat littéraire la même année, soit deux années avant qu'il ne le passe.

En effet, dès l'obtention de mon baccalauréat, Sissou a exprimé une grande joie, considérant cet événement comme une révélation pour lui permettre de repartir avec un nouvel élan dans la préparation sérieuse de son propre examen. Surtout que le temps imparti pour ma propre préparation était très court, soit moins de quatre mois.

Ayant constaté l'impact très positif que mon exemple avait sur autrui et étant moi-même disponible en tant que retraité, j'ai pris l'initiative de me lancer dans cette aventure et de m'inscrire pour des études à la faculté des langues, dans la filière du français. Cette entreprise s'est concrétisée avec un grand succès. J'ai même réussi à m'inscrire pour une thèse de doctorat à distance dans une université française grâce au site ADUM, malheureusement j'ai dû abandonner le processus après une année seulement en raison des multiples tâches qui occupaient, notamment la construction de ma bâtisse en cours dont je dois finaliser au moins l'appartement destiné à Med Oussama qui s'apprête à se marier, et auparavant, c'était le mariage de sa sœur.

Quant à Sissou, il a réussi son baccalauréat et a rejoint le département d'anglais. Ensuite, ma famille benjamine a également réussi le sien avec une moyenne de 15,30/20, et elle poursuit désormais ses études à la faculté de biologie. En fin de compte, grâce à Dieu, j'ai réussi mon pari.

Mon expérience professionnelle en tant qu'enseignant à la faculté

Pendant une période de sept années consécutives, j'ai dispensé des cours à la faculté des langues étrangères. En 2015, le responsable du département de français m'a sollicité pour être enseignant associé auprès des étudiants de première et deuxième année de licence. Cette demande était motivée par le déficit constaté en matière de professeurs permanents à l'université et les contraintes budgétaires pour en recruter.

Dispension de cours au temps du corona virus, faculté des langues, Annaba

Le responsable du département a souligné mes compétences en me rappelant mon classement en tête de promotion dans ma spécialité, mon certificat de bonne conduite et mon expérience en tant qu'officier supérieur dans l'armée. J'ai accepté cette offre et ai commencé à dispenser les cours dès le début de la nouvelle année universitaire.

Les modules qui m'ont été confiés sont la culture et la civilisation françaises, la linguistique et la méthodologie de travail à l'université. J'ai pris mes responsabilités avec sérieux et me suis efforcé de fournir une formation de qualité à mes étudiants.

Faculté des langues à Annaba

Après une période de douze ans consacrée à l'étude et à l'enseignement des langues au sein de la faculté, j'ai pu constater certaines lacunes qui entravent le bon déroulement des activités universitaires, notamment en ce qui concerne le système LMD. Ce dernier, importé de l'occident et appliqué dans de nombreux pays, dont l'Algérie, a pour objectif de moderniser et d'harmoniser l'enseignement supérieur en facilitant la mobilité des enseignants et des étudiants, en favorisant la reconnaissance internationale des diplômes et en améliorant la qualité de l'enseignement supérieur. Cependant, comme tout nouveau système, il peut rencontrer des difficultés lors de sa mise en place et de son adaptation à une culture et un contexte différents.

Il apparaît ainsi que le système LMD, qui a connu des réussites dans de nombreux pays d'Europe occidentale, au Canada et aux États-Unis, éprouve des difficultés à être appliqué en Algérie, comme en témoignent certains indicateurs peu satisfaisants. À mon humble avis, les causes de ces difficultés peuvent être multiples et peuvent inclure des facteurs tels que la qualité des programmes, les ressources disponibles, la formation des enseignants, la motivation des étudiants, entre autres.

Il est possible également que des anomalies aient été constatées dans la mise en œuvre de ce système, notamment à l'université de Badji Mokhtar. Dans ce contexte, une étude approfondie devrait être entreprise pour identifier les problèmes spécifiques et proposer des solutions adaptées.

Il est donc crucial de continuer à évaluer le système LMD et de l'adapter en fonction des besoins de chaque université. Pour remédier à cette situation, les autorités en charge du secteur de l'enseignement supérieur sont sollicités de prendre des mesures pour améliorer la qualité de l'enseignement, multiplier la formation des enseignants à la pédagogie et à la recherche, renforcer l'encadrement des étudiants, améliorer les infrastructures et les équipements, encourager la recherche scientifique et l'innovation.

Il convient de souligner que les étudiants devraient s'impliquer davantage dans leur formation en adoptant des attitudes proactives telles que l'investissement dans la recherche scientifique, la participation aux activités associatives et culturelles, l'assiduité aux cours et aux travaux dirigés, la préparation rigoureuse aux examens et aux concours, entre autres.

Suite à cette expérience, j'aimerais exprimer ma profonde gratitude envers feu Yahi Lamri, ex-chef du département de français, dont la mémoire est bénie, pour m'avoir accordé sa confiance et permis d'intégrer l'enseignement universitaire. Par ailleurs, j'aimerais saluer la cheffe de département qui lui a succédé et qui a continué à me confier cette tâche au fil des années.

En outre, je tiens à rendre hommage au personnel administratif ainsi qu'à l'ensemble de l'équipe pédagogique avec laquelle j'ai eu la chance de collaborer. Les enseignants ont été d'un soutien inestimable en m'accueillant dans leur groupe et en me fournissant leur aide et leur assistance.

Enfin, je tiens à adresser mes meilleurs vœux de réussite dans leur vie professionnelle, ainsi que de bonheur et de prospérité dans leur vie privée à tous les étudiants que j'ai eu l'honneur d'enseigner au cours de ces années.

Ma décision de m'installer à Annaba

Au cours de mon service dans l'armée, j'ai eu la chance de pouvoir bénéficier de la présence constante de ma famille à mes côtés. Grâce à mes diverses affectations, j'ai pu disposer d'un logement dans les différentes villes où j'ai été muté, telles que Constantine, Oran, Annaba, Skikda et Ouargla.

Deavant le Shératon d'Annaba (photo prise le 19/02/2013)

Au début de ma carrière, j'avais envisagé de construire une résidence dans ma ville natale, Sedrata, en vue de m'y établir une fois à la retraite. J'ai ainsi fait l'acquisition d'un terrain. Toutefois, ma défunte mère m'a vivement conseillé de privilégier une grande ville, située à proximité raisonnable de son lieu de résidence. Elle estimait que cette décision était primordiale pour l'avenir de mes enfants, notamment en ce qui concerne leur scolarité, leurs études universitaires, ainsi que les autres avantages qu'offrent les grandes agglomérations.

À présent, alors que mes années de service tendent vers leur fin et que mes enfants grandissent et progressent dans leurs parcours éducatifs, je suis de plus en plus déterminé à choisir un lieu de résidence stable pour leur permettre de se concentrer pleinement sur leurs études. C'est pourquoi j'ai pris la décision de m'offrir un appartement à Annaba, une ville que j'apprécie particulièrement et où j'ai souvent passé mes vacances d'été chez mes cousins maternels. Cette ville présente également l'avantage d'être proche de mes parents, à seulement

150 kilomètres de route. Surtout, cette décision vise à faire plaisir à ma petite famille qui a tant souhaité s'y établir de manière définitive.

A Annaba, Devant notre confiserie de gâteaux traditionnels très raffinés

Annaba, ville historique et touristique

Située sur la côte nord-est de l'Algérie, la ville d'Annaba est une destination incontournable pour les passionnés d'histoire, de culture et de nature. Fondée sous le nom d'Hippone par les Phéniciens au 12ème siècle av. J.-C., elle fut rapidement transformée en un important comptoir commercial grâce à sa position stratégique sur la Méditerranée.

Au fil des siècles, la ville a été occupée par les romains, les vandales, les arabo-musulmans, les espagnols, les ottomans et les français. Malgré les combats et les défaites, Annaba a su résister aux envahisseurs et profiter de leurs cultures et civilisations pour se développer.

Aujourd'hui, la cité est un véritable melting-pot de cultures et de traditions. Elle a su préserver son patrimoine historique, avec des vestiges romains tels que le théâtre antique, le forum et les thermes de la ville, ainsi que la basilique Saint-Augustin, qui témoignent de son riche passé.

Annaba est également connue pour ses complexes sportifs et ses sites touristiques pittoresques, notamment ses plages en or, qui s'étendent sur plusieurs kilomètres et offrent une vue magnifique sur la mer. La montagne de Seraidi, qui la surplombe, est un lieu de randonnée populaire, avec son village perché sur les hauteurs.

Les vergers et les vignobles d'Annaba font également partie de ses attraits touristiques, offrant des produits de qualité tels que les fameuses figues sèches et les jus de fruits de la région.

Côté industriel, la ville abrite des entreprises de renom telles que Ferrovial et Asmidal, ainsi que le complexe sidérurgique d'El Hadjar, qui contribuent à son développement économique.

Malgré les atrocités et les assassinats qu'a connus la ville pendant la décennie noire, Annaba a su surmonter ces épreuves grâce à la mobilisation de son armée nationale populaire et de sa population. Aujourd'hui, elle est une ville dynamique et conviviale, qui attire des visiteurs du monde entier pour diverses raisons et objectifs, que ce soit pour son patrimoine historique, ses paysages naturels ou son développement économique.

En fin, on ne peut pas parler de la Coquette sans évoquer le cours de la révolution, autrefois appelé Bertania. C'est un symbole qui témoigne de l'histoire riche et mouvementée de la ville. Ce grand espace central, bordé d'arbres majestueux et de bâtiments historiques, incarne l'essence même de la vie citadine. Chaque matin, les habitués se retrouvent pour échanger autour d'un café, évoquer les derniers événements ou simplement apprécier l'atmosphère paisible et conviviale du lieu. Le cours d'Annaba est également un lieu de rencontre incontournable pour les visiteurs de passage, curieux de découvrir l'histoire et la culture de cette ville qui ne manque pas de charme. En somme, ce lieu est un symbole de fierté pour les habitants de la ville, ainsi qu'un lieu emblématique qui incarne l'âme de cette cité méditerranéenne.

Mes vacances juvéniles

Cette partie de mon récit de vie est une véritable invitation à la découverte de mes souvenirs d'enfance et d'adolescence. Durant ces périodes, j'ai eu l'opportunité de passer mes vacances estivales chez mes grands-parents paternels et mes oncles dans mon douar Oued-El-Aar, ainsi que quelques jours à Annaba, chez des parents proches de à ma mère, pour profiter de la mer. Mais c'est véritablement après avoir participé à une excursion aux thermes de Khenchela avec mes camarades de classe, dont je citerai Chorfi Taher, Sellaoui Abdelkrim, Belouettar Messaoud dit Lazher, que mes vacances ont pris une toute autre tournure. Dès lors, j'ai continué à visiter ce lieu paradisiaque en compagnie de mes amis, en hiver ou en printemps. Ensuite, j'ai commencé à passer une bonne partie de mes vacances en France chez mon père. Je vous invite à me suivre dans ce récit rempli de souvenirs inoubliables.

Les citoyens français d'autrefois : accueil, sympathie et altruisme

Le contexte des atrocités commises lors de l'occupation de l'Algérie par la France coloniale, telles que la dépossession des citoyens de leurs terres les plus fertiles, la dépréciation de leur culture, la relégation des populations autochtones au rang d'indigènes, les privant ainsi de la majorité de leurs libertés et de leurs droits politiques, les déportations en Nouvelle-Calédonie, les massacres du 8 mai 1945 à Sétif, Guelma et Kherrata, ainsi que ceux perpétrés en août 1955 dans le Constantinois, des crimes contre l'humanité toujours impunis, les tueries commanditées par Maurice Papon contre la diaspora algérienne à Paris un certain 17 octobre 1961, les lourdes conséquences des essais nucléaires à Régane, les sévices et les tortures infligées aux populations pendant la guerre de libération, ont laissé des traces indélébiles sur les lieux et les personnes. Bien que je n'aie vécu que quelques mois sous le joug du colonialisme, étant né en 1961, j'ai pu constater dès mon enfance les séquelles physiques et psychologiques qui ont affecté les personnes et les lieux. Loin de soutenir ce que pense le grand écrivain Mohamed Moulessehoul (Yasmina Khadra) à travers la publication de son roman "Ce que le jour doit à la nuit", car je n'ai nullement l'intention d'oublier, comme tous les Algériens, cette période tragique et sombre de notre histoire.

Cependant, je tiens à révéler quelques anecdotes avec des Français qui m'ont marqué et dont les événements ont eu lieu autrefois en Hexagone durant mes séjours de vacances d'été chez mon père émigré, afin de rendre à César ce qui est à César.

Comme je l'ai mentionné précédemment, mon père travaillait en France depuis 1964 jusqu'à sa retraite en 1984. Je ne le voyais qu'à chaque fois qu'il rentrait en congé une fois par an. Nous vivions à l'époque, ma mère, mes sœurs et mon frère, dans un quartier populaire appelé Djnanette ou également La Rivière, à SEDRATA, avant que mon grand-père et ma grand-mère ne nous rejoignent, suite à la décision de mon père de les prendre en charge lui-même afin de soulager ses frères (mes oncles paternels) qui étaient dans des situations précaires, surtout que ma défunte mère s'entendait parfaitement avec eux et ne ménageait aucun effort pour s'occuper d'eux et les assister. Allah yarhmhem adjmaine.

Après le décès de mes grands-parents, mon père ressentait que travailler loin, à l'étranger, pour subvenir aux besoins de la famille ne peut pas perdurer. Il pensait qu'il devrait nous emmener près de lui en cette phase d'adolescence que nous traversions pour alléger notre mère des contraintes qu'impose ce genre de situation, surtout lorsqu'il a appris que deux de nos voisins, les frères Hachouf et leurs familles, avaient déjà déménagés en France.

Une fois rentré en Algérie, il nous a réunis après le dîner pour nous proposer son idée. Avant même qu'il termine ses dernières paroles, nous commençâmes, mes sœurs, mon frère et moi à gambader, à crier de joie et à l'embrasser de partout. Hélas! Cette nouvelle n'a pu continuer aussi longtemps puisque ma mère imposa rapidement son véto refusant catégoriquement cette proposition. Pour elle, il n'est plus question d'aller là-bas où c'est un autre mode de vie qui prévaut, une culture différente et tout à fait incompatible avec notre religion et qui risquerait de compromettre notre avenir et l'exposer au danger. Après cette frustration, je rejoignais mon lit avec un moral au-dessous de zéro, le seul moyen de me consoler était de me régaler en laissant fendiller dans ma bouche les délicieux carreaux de chocolat suisses que mon père nous a ramenés.

Le lendemain matin, j'étais en train de prendre mon petit déjeuner, et ma surprise était grande lorsque ma mère m'informa qu'il m'est ainsi qu'à mon frère possible d' aller passer des vacances d'été chez mon père et rentrer ensemble lorsqu'il prend son congé. Et oui, il semble que l'adage : "la nuit porte conseil", a fait ses faits !

Préparation de mon voyage à l'étranger

J'ai terminé l'année scolaire 1976/1977 en beauté. D'abord par réussir mon BEM, puis par l'obtention d'une bonne moyenne me permettant amplement l'admission en première année secondaire du lycée. Ça a fait le bonheur de ma mère et de toute la famille, puis ça m'avait ouvert grandement les portes pour planifier mon projet de vacances comme c'était prévu.

Afin de préparer mon premier voyage à l'étranger, je devrais au préalable rassembler toutes les pièces nécessaires pour l'établissement d'un passeport. Tout allait bien si ce n'était l'absence au niveau des services de la daïra d'un imprimé primordial à remplir, le "carton vert", devenu perle rare et difficile à trouver. Tout le mérite revient à mon prof de français au

CEG Barour, le défunt Taher Nadji qui m'en avait procuré un. Plus que ça, il m'avait recommandé à ammi Meki Bouras père du docteur Kamel qui m'avait pris en charge jusqu'à l'obtention de mon document. Paix à leurs âmes, que Dieu les accueille tous dans son vaste paradis.

Il ne me restait plus donc que des petites formalités administratives à réaliser tél que le certificat de vaccination, l'achat de mon billet d'avion sans oublier la récupération de mon travel chèque auprès de la BEA d'un montant de trois cent francs français. Certes, cette petite somme n'était pas si fameuse, mais ceci ne m'inquiétait pas vraiment du fait que je serais pris en charge par mon père une fois arrivé là-bas. Il faut savoir également qu'à cette époque-là, le dinar valait plus que le franc. En plus, la dite bourse qui nous paraît aujourd'hui dérisoire, permettait aux algériens dans le temps d'effectuer des séjours de deux à trois jours en France et de ramener avec eux une tabouna, un tapis ou aussi un parka à leur retour.

Maintenant que je connais avec certitude la date de mon départ, il ne me restait plus qu'envoyer un télégramme à mon père pour l'informer du jour de mon arrivée à Marseille au moins une semaine à l'avance comme il me l'avait demandé de faire. En fait, il travaillait comme chef d'équipe de couvreurs dans une entreprise de travaux T.C.E qui réalisait en cette période-là des projets aux Alpes maritimes. C'est là qu'il habitait. Il voulait me retrouver à Marseille en vue d'y passer quelques jours ensemble chez ses amis avant de repartir chez lui par route pour que j'en profite le mieux de mes vacances.

Le jour J est arrivé et mon petit cabas est prêt. Tôt le matin, accompagné de mon ami d'enfance et camarade de classe Taher Chorfi qui a insisté de venir avec moi jusqu'à l'aéroport Rabah Bitat d'Annaba (ex. El-mellaha), nous nous sommes dirigés au centre de la ville de Sedrata. C'est là où je devrais prendre le taxi de ammi Youcef Rezaiguia Rabi yarhmou inchallah, qui est aussi l'époux de la sœur de mon ami Taher. Aussitôt nous avons, tous les deux, pris place aux sièges arrières à côté d'un monsieur d'une grande élégance, vêtu d'un costard ajusté avec un soin extrême (tiré à quatre épingles) comme nous préférerions dire autrefois, et c'est parti pour notre voyage.

En route vers Annaba, il faisait encore noir, nous ne pouvions rien voir à l'extérieur. Pour passer le temps, je discutais parfois avec mon ami et tantôt j'écoutais ce que racontait le passager assis sur le siège avant. Tout d'un coup, l'homme élégant cria très fort : Aye! C'est mon pied, ce n'est pas le tapis, mais c'est mon pied bondieu !!! Nous étions tous effrayés, on ne savait pas ce qui lui est exactement arrivé. Rapidement, ammi Youcef s'est mis sur le bas-côté de la route. Pour que nous découvrions par la suite que c'est mon amiTahar qui était en train de fumer en cachette, ayant ressenti que son beau-frère s'en est rendu compte, a dû paniqué et en voulant écraser rapidement sa cigarette sur le tapis de la voiture, il a par maladresse brûlé la cheville du bonhomme.

Arrivé tôt à l'aéroport, j'avais pris tout mon temps pour prendre un café, passer à l'enregistrement, faire les contrôles de police et de douane, l'embarquement puis c'est le décollage à 13 heures.

Mon premier contact avec un citoyen officiel français

Après une heure et demie de vol on atterrit à Marignane. Sorti de l'avion, je récupère mon cabas sur le tapis, je passe tous les contrôles réguliers et je file directement en vue de rencontrer mon père dans la salle d'attente. Combien ma déception était grande lorsque je ne l'ai pas trouvé. J'ai cherché partout, j'ai arpenté les lieux de fond en comble, je tournais en rond, j'attendais, je regardais dans tous les sens, mais je ne le voyais pas. J'étais physiquement présent sur les lieux mais mon esprit était complètement dispersé. Il me restait plus qu'aller voir dehors de l'aérogare. Je tente vaguement de faire bonne figure et je me dirige vers l'une des sorties. C'est à cet instant là qu'un policier m'interpelle: Monsieur, svp, vous avez un problème !? Quelque chose qui ne va pas !? Il était grand de taille, la cinquantaine, aux cheveux sel et poivre, et portait des lunettes de vue. J'ai dû rassembler tout le lexique français que j'ai pu cumuler et faire rappel à toutes les règles de grammaire qu'on m'a appris depuis ma scolarité pour lui expliquer la situation dans laquelle je me trouve. Il prêtait une attention soutenue à ce que je racontais. Il était attentif jusqu'au dernier mot que j'avais prononcé. Puis, il me demanda si j'avais une adresse et aussi si j'ai de l'argent sur moi. Tout de suite, j'ai sorti une serviette dans laquelle j'ai mis mes papiers, je lui ai montré une enveloppe dont l'adresse de mon père est mentionnée dessus (sur le verso côté expéditeur) et quelques billets et de la monnaie en franc en plus du travel chèque. Avant de me répondre, il m'adressa un grand sourire. Un sourire avec tout son visage y compris ses yeux derrière les verres de ses lunettes. Un sourire qui m'a rassuré, rendu confiance en moi et surmonté le moral. Puis, il m'avait dit ceci: jeune homme, vous n'auriez absolument pas à vous inquiéter. Vous êtes assez grand pour effectuer seul ce déplacement, l'argent que vous avez sur vous, vous suffira largement pour aller jusqu'à votre père sans même débourser votre chèque. Ensuite, il me prit par la main et me conduisit gentiment vers un bus navette qui relie l'aéroport à la gare Saint Charles au centre-ville de Marseille). Il me tapa sur l'épaule en me souhaitant la bienvenue en France et regagne son poste. Avant d'entrer dans le bus, j'ai à mon tour, remercié de tout cœur ce bel homme extraverti, joyeux, blagueur et empathique à la fois. C'était alors ma toute première conversation avec un citoyen et officiel français. Après environ 30 minutes, le tram arriva à destination, tout le monde descendait.

Plage de Sanremo, Italie en 1978

Pour accéder à la gare Saint Charles, il fallait prendre un très grand escalier d'une infinité de marches entrecoupées de plusieurs paliers de repos, remarquable par ses abondantes sculptures monumentales et ses espaces verts sur les deux côtés. Je n'ai fait que suivre la foule jusqu'à une large esplanade qui mène directement à l'entrée. Sans tarder, je me suis renseigné au bureau des informations sur le guichet, les horaires du départ du train de Nice comme me l'avait indiqué le policier de l'aéroport. J'ai acheté un ticket et j'ai hâte pour rejoindre le quai où je devrais utiliser pour la première fois un moyen de transport tout à fait nouveau pour moi.

Des émigrés algériens très accueillants

Prendre le train pour la première fois, a provoqué en moi une sorte d'excitation mêlée de peur que je ne cesse de ressentir durant tout le parcours du sous-sol menant au quai. Une fois sur place, il restait encore trente minutes avant l'accès aux voitures. Cela m'avait permis de prendre un souffle et aussi de repérer les lieux tranquillement.

En plus de l'immensité et la beauté de l'infrastructure de la gare, j'étais impressionné par les installations annexes qui sont mis à la disposition des voyageurs tels que les commerces et les services variés comme la vente des journaux et des livres, les restaurants traditionnels et rapides...etc. j'étais aussi, si étonné par le calme qui régnait malgré le nombre important des présents sur les lieux. Que ce soit en binômes, en trinômes voire en groupe élargi (cas de familles accompagnées de leurs enfants), on n'entendait presque rien des discussions qui se tenaient entre les interlocuteurs.

Autre chose qui m'avait interpellé, c'est ces habitudes et traditions pratiquées par les français pour se saluer ou pour se dire au revoir dont la bise en fait partie. Ainsi, des couples de différents âges, ne se contentaient pas de se dire verbalement Adieu ou de se serrer la main, ils s'embrassaient de manières distinctes selon les situations et les liens de parenté. Pour eux, c'est plus qu'une coutume, c'est une habitude et même, un réflexe. Pour moi, c'était difficile à cerner en tant qu'étranger qui ignore tout sur les codes, les formes et les valeurs de la société occidentale. De ce fait vient l'intérêt de voyager, ceci nous oblige à rencontrer des personnes et de vivre des situations nouvelles dans le monde réel. Les voyages renforcent notre capacité d'empathie et nous permettent de découvrir et d'en savoir plus sur la culture de l'autre et de s'accommoder avec.

Dans le train, je me suis installé, comme par hasard, dans un compartiment proche des sorties et du wagon bar-restaurant. J'ai pris place dans le sens de la marche à côté de la fenêtre qui donne sur l'extérieur. Emplacement idéal qui me correspondait parfaitement et qui m'aiderait à contempler le paysage sans avoir le vertige. En attendant le départ qui aura lieu dans vingt minutes, à 16h plus précisément, j'ai posé mon cabas sur le siège. J'ai voulu faire une tournée de reconnaissance des services à bord, prendre un café et me balader un peu. A la porte du compartiment, un jeune passager, la trentaine environ, m'interpella et me demanda si j'ai le feu. J'ai aussitôt sorti une boîte d'allumettes de ma poche pour le servir quand le ticket cartonné qui était avec tomba sur le plancher. Le jeune homme s'inclina et le ramassa et me le remit poliment. Il alluma ensuite sa cigarette et me rendit la boîte, me remercia puis me demanda s'il pourrait jeter un coup d'œil sur mon ticket. Il remarqua qu'il n'était pas composté et me conseilla d'aller le faire rapidement. Lorsqu' il s'est rendu compte que je ne pigeais rien de ce qu'il me disait, il me pria de le suivre jusqu'à la sortie du wagon. Sur place, il introduisit le ticket dans un appareil installé à l'entrée, c'est là que je devrais l'y passer avant que j'y embarque.

De retour dans le couloir devant nos cabines mitoyennes, il m'expliquait que même si je n'avais pas pu composter mon billet avant de monter dans le train, ce n'est pas grave. Je devais simplement interpeller le contrôleur avant qu'il n'effectue les contrôles qui se font généralement juste après le départ du train. Il termina sa cigarette, me salua et avant de rejoindre sa piaule, il me rappela que je ne devrai pas hésiter de le contacter en cas où j'aurais besoin de quoi que ce soit.

Un autre citoyen français d'antan, avec qui je me suis rencontré, dont le comportement était caractérisé par la compréhension et de beaucoup de considération pour autrui.

Quant à moi, j'ai préféré rester encore quelque temps dans le corridor, j'y faisais quelques allers retours afin de me dégourdir les jambes. Le train quitte la gare à une vitesse qui va en crescendo. Je me suis approché de la grande fenêtre face à mon compartiment pour contempler les quartiers marseillais par lesquels on passait. Au fur et à mesure qu'il s'éloignait de la ville, il roulait de plus en plus vite, j'en ai ainsi pleinement profité des paysages et de la nature brute avant qu'il ne faisait nuit.

De retour dans ma cabine, j'ai été surpris par la présence de trois messieurs qui s'y étaient tranquillement installés. Deux portaient des ensembles bleus Shanghai, le troisième vêtu d'un bleu djinn et d'un tee-shirt noir, âgés entre trente-cinq et quarante ans et ils n'avaient pas l'air d'être français. Deux parmi eux étaient assis près de mon cabas, tandis que le troisième s'allongeait sur les sièges d'en face. J'ai salué, rangé mes affaires sur le porte-bagages, pris ma place et je me suis laissé aller dans un petit somme.

A peine j'ai fermé les yeux, j'entendis mes compagnons de route engageaient une discussion et échangeaient en langue arabe! Quelle joie! Quel ravissement! Ceci m'a fait beaucoup soulager. Lorsqu'on est loin des siens et on voyage seul, comme c'est le cas pour moi, c'est trop ennuyeux de ne pas parler à quelqu'un. Puis c'est aussi l'occasion idéale pour se faire des connaissances voire des amis. Tout de suite je me suis présenté à eux, et ils ont fait de même. Il s'agit de deux frères immigrés originaires de Sériana wilaya de Batna, et le troisième de Kaies wilaya de Khenchla. Puis j'ai enchaîné par leur raconter ma petite aventure. Quand j'ai fini mon récit, ils s'étaient regardé, tous les trois, dans les visages pendant peu de temps, c'est comme s'ils étaient en train de se communiquer des choses. Par la suite, l'un des deux frères m'a fait savoir que le présent train arrivera à Nice vers environ 21heures, tandis que le premier départ sur Breil-sur-Roya aura lieu le matin à 5h30. De ce fait, il me proposait de faire escale là où ils travaillaient à Cannes et de passer la nuit chez eux dans la zone vie juxtaposant leur chantier sis à trente minutes seulement de la ville.

Il m'avait fait comprendre aussi, que mon ticket demeurera toujours valable jusqu'à la fin de mon trajet et ça m'évitera ainsi de payer les frais de l'hôtel. Sans trop y réfléchir, j'ai instantanément accepté avec satisfaction et plaisir cette aimable invitation. Sincèrement, c'était pour moi une opportunité que je ne devrais pas refuser. Dans un moyen de transport commun, il arrive parfois de tomber sur des gens braves, éloquents et charmants avec qui on ne voit guère le temps passer et qui pourraient nous aider lorsque c'est nécessaire.

Arrivé à Cannes, nous avons pris un fourgon appartenant à l'entreprise qui nous a amené jusqu'au campus. Sur place, on m'a conduit directement jusqu'à une cabine saharienne spécialement aménagée pour accueillir des hôtes (collègues en déplacement, amis de passage...etc.). A l'intérieur, il y avait deux lits superposés de chaque côté, deux armoires métalliques, une petite table rectangulaire collée au mur sous la fenêtre et entourée de trois chaises. Juste à droite de la porte d'entrée, il y'avait un mini frigo sur lequel est posée une télévision en noir et blanc. A l'extérieur derrière la roulotte se trouvaient les salles d'eau qui comprenaient des douches, des w.-c. Et des lavabos en plus des lave linges. Je me suis juste contenté d'une petite toilette avant de regagner mon lit. Allongé sur le matelas, je regardais Claire Chazal présenter le journal de TF1. Peu de temps après, j'ai commencé à sentir des piquements aux yeux, des bâillements en série et beaucoup d'autres signes de sommeil que m'envoyait mon corps pour m'annoncer l'heure du coucher. C'est à ce moment-là que mes hôtes arrivaient avec le dîner. Des spaghettis bien préparés, garnis de gros morceaux de viande d'agneau, avec comme dessert des grappes de raisin, limonade et de l'eau fraîche dans un broc. Franchement, je n'ai pas eu faim. Ma journée a été tellement mouvementée, tout ce que je désirais à cet instant-là était de dormir profondément pour être prêt à reprendre mon chemin le jour qui suit. Par correction, j'ai goûté un peu de tout, avant de me retirer poliment pour aller dormir.

Avant même que les lueurs du jour du lendemain apparaissent, j'ai senti la main de l'un des ouvriers immigrés me secouer tendrement pour me réveiller. Je devrais faire vite afin d'attraper le train qui part sur Nice dans moins d'une demi-heure. J'ai fait rapidement ma toilette, pris mon sac et monté dans la R4 qui m'attendait moteur en marche à quelques mètres de la roulotte. Je n'ai même pas eu le temps de m'essuyer le visage ou de prendre le petit déjeuner servi sur la table. Arrivé juste à l'heure, j'ai immédiatement embarqué dans le train.

Je ne peux que rendre hommage à ces généreux et solidaires immigrés algériens d'antan en reconnaissance pour ce qu'ils ont fait pour moi dans cette situation particulière que j'ai vécue. Une chose est sûre : je ne les oublierai jamais.

Une citoyenne française remarquable !

A Nice, comme il ne m'était pas possible d'effectuer la dernière étape de mon parcours vers Breil-sur-Roya en première desserte étant donné que j'y suis arrivé très en retard, j'ai alors réservé pour la prochaine, celle de 08h30. Par crainte de la rater, je me suis rendu directement au quai indiqué sur le billet que je viens d'acheter. Angoissé, stressé je n'avais même pas envie de prendre mon petit déjeuner. Tant que je ne suis pas encore arrivé à destination, je n'avais aucun désir de manger quoique ce soit. Généralement, lorsqu'on est dans un état d'anxiété pareil, on perd carrément l'appétit.

C'était un dimanche, d'où le peu de passagers qui étaient présents sur les lieux. L'affluence se passe inversement, car les habitants des petites localités avaient l'habitude de venir le weekend à Nice pour s'approvisionner.

Dès qu'on nous l'avait annoncé, j'ai directement embarqué dans une voiture quasiment vide si ça n'était la présence d'une dame déjà installée sur les premiers sièges. Quadragénaire, elle est de petite taille tandis que sa corpulence est un peu ronde. Elle avait les cheveux noirs et lisses coupés carré. Son visage est doté d'un front plat et d'un petit nez grec. Ses yeux sont grands et verts. Son regard est tout simplement pétillant. Cette femme paraît agile et souple, mais forte et a du caractère à la fois. Par pudeur ou par naïveté, j'ai préféré m'asseoir juste au milieu, du même côté mais à trois rangs derrière elle. Le train prend les rails en direction de Breil-sur-Roya.

A cette époque-là, cette ligne de chemin de fer française, longue d'environ 40 km et non électrifiée, était à voie unique. Elle est établie dans une zone montagneuse très tourmentée, comprenant rivières, gorges étroites et cols. Ce qui a permis de réaliser différents types d'ouvrages d'art monumentaux représentant une véritable prouesse technique tels que les ponts suspendus et les tunnels. Le fait qu' on ne roule pas sur une ligne à grande vitesse, le paysage défile à un rythme plus lent, permettant de mieux apprécier la campagne environnante, d’apercevoir les fermes, d'observer les maisons et même de saisir des scènes de la vie quotidienne.

Dans l'enceinte d'un hôtel à Sanremo, Italie en 1978

On est presque à mi-chemin. Je continuais d'admirer par la fenêtre le paysage en laissant libre cours à mes pensées. Ceci a fait surgir en moi une tentation de fumer. J'ai eu toujours dans l'esprit que le tabac provoque chez moi la sensation de bien-être et de détente. J'ai alors allumé la dernière cigarette Hoggar qui me restait dans la poche. Vu l'inexistence de cendriers fixés sur les dossiers devant moi ni sur la paroi du train, j'ai utilisé le paquet vide pour y mettre les cendres. C'est à ce moment-là qu'un contrôleur de la SNCF, casquette vissée sur la tête arpentant le wagon à grande enjambées, passait pour vérification. Il se pencha sur la dame assise devant, lui demandant poliment son billet. A mon tour, cigarette entre le majeur et l'annulaire de la main gauche, j'ai glissé ma droite dans la pochette pour exhiber le mien. Après avoir jeté un regard furtif sur mon ticket, l'homme à l'uniforme gris me demanda gentiment une pièce d'identité. Je lui ai présenté mon passeport. Ensuite, il sortit de sa sacoche en cuir accrochée à son épaule un stylo et commença à remplir un document en plusieurs liasses. Puis il m'avait fait savoir qu'il est en train de me verbaliser pour faute de tabagisme dans un espace non-fumeurs. J'ai été surpris par cette sanction infligée à mon encontre que je n'attendais pas. J'ai essayé de lui expliquer que je suis étranger et j'ignorais complètement la règlementation en vigueur, mais en vain. Il se contentait de m'indiquer avec son doigt un pictogramme et une notice au-dessus de la porte rappelant l'interdiction de fumer et continuais de remplir son imprimé. Je ne savais pas comment ça m'avait échappé, peut être que c'était dû à la fatigue. Tout d'un coup, la dame assise devant, se leva et vint jusqu'à nous en toutes allures, la colère dans les yeux amplifiée par les traits du visage, elle se déchaîna contre lui : « Parler de contrôles me fait rigoler pour ne pas dire pleurer. Que ce soit le matin ou le soir quand je prends le train ce sont des dizaines de personnes qui fument dans les wagons, la salle d'attente de la gare et sur le quai et cela au milieu d'une multitude de contrôleurs présents sur place et qui ne disent rien et verbalisent encore moins !!! Pourquoi ce jeune homme ? Vous ne voyez pas qu'il est étranger et qu'il ne savait pas qu'il est défendu de fumer ici ? ».

Sans prononcer le moindre mot, l'agent me remit le passeport, déchira la feuille et quitta pour la voiture suivante. Quant à la femme qui m'avait courageusement défendu et soutenu, elle a ramené ses affaires et s'est assied à côté de moi. Elle tentait spontanément d'alléger ma peine et de me consoler par tas de moyens y compris les blagues. Quand je lui ai raconté mon histoire, elle m'a promis de m'emmener jusqu'au bâtiment indiqué sur l'adresse que je lui avais montrée. Elle ajouta que c'est à deux pas de la frontière italienne, à six kilomètres seulement de la ville de Breil-sur-Roya. Il était 10h30 lorsque nous sommes descendus à la gare. Elle m'avait demandé de l'accompagner jusqu'à un grand café restaurant qui surplombe l'autre rive du lac de Breil-sur-Roya, elle m'a fait installer dans la terrasse sous un parasol et chargea un employé de me servir un petit déjeuner complet (lait, café, beurre, confiture, brioche, jus...) et me pria de ne pas quitter les lieux jusqu'à ce qu'elle revienne. Quelques minutes après, elle est de retour et m'invita à la suivre jusqu'à une voiture de couleur marron de marque Ford garée juste devant nous. C'est son mari qui était au volant. Aussitôt, nous avons pris la route. Après une vingtaine de minutes, nous sommes arrivés devant la bâtisse cible, j'ai traversé la chaussée, j'ai sonné à la porte, quelques secondes et c'est mon père qui ouvrait. Choqué par l'émotion qui s'est produite suite à la surprise, il est resté pour un bon moment la bouche ouverte, jusqu'à ce que le brave monsieur qui m'avait ramené klaxonna deux coups pour le saluer. Nous avons tous les deux levé les mains en guise de reconnaissance et de remerciement, avant qu'il reprenne sa route vers l'Italie.

Breil-Sur-Roya, France en1978, à quelques mètre seulement du poste frontalier franco-italien

Cette fois-ci, il s'agit d'une citoyenne française d'antan qui a fait preuve d'empathie en se tenant à mes côtés et en me venant en aide jusqu'à la dernière minute. Avec son soutien et sa gentillesse elle avait réussi à changer ma vision au sujet du comportement de certains français à l'image du contrôleur de la SNCF. Merci Madame pour tout ce que vous avez fait pour moi.

Français voisins et collègues de travail à mon père, très accueillants

Quoiqu'il était interdit de faire travailler des salariés plus de six jours par semaine en France. Mon père, en prévision de ma visite, a réussi à convaincre son patron de lui en accorder une dérogation pour quelques jours afin qu'il soit libre à l'issue. Il voulait consacrer ces jours de récupération spécialement pour moi. Durant cette période, il rentrait quotidiennement tard, fatigué et inattentif. Il passait directement dans sa chambre sans consulter sa boîte postale. C'est pourquoi il ne s'est pas rendu compte de mon télégramme. Ainsi, le programme qu'il avait esquissé a été illustré par des magnifiques visites que j'ai pu effectuer en sa compagnie et aussi avec ses amis et ses voisins. Ça m'avait permis de découvrir pour la première fois dans ma vie plusieurs beaux villages médiévaux dans les Alpes maritimes (Breil-sur-Roya, Tende...), des grandes villes et sites touristiques comme Monaco, Nice (promenade des anglais, la Coline des châteaux, les plages...), Marseille (le vieux port, le château d'if, notre Dame-de-Mont) et Aix-en-Provence.

Ce premier séjour en France, m'avait permis de constater que la quasi-totalité des français et des françaises d'autrefois que j'ai eu le plaisir de rencontrer, jouissaient de plein de vertus telles que la générosité, la gentillesse et la disponibilité. Avoir la chance de fréquenter des gens incroyablement hospitaliers et généreux comme tels, est un privilège rare. Je ne trouve pas vraiment les mots qui puissent exprimer ma gratitude et les sentiments que j'approuve envers toutes ces personnes si accueillantes. Sincèrement, ça n'a rien à voir avec ce qui se passe de nos jours.

Un officier de la PAF, sympathique et rassurant

Quand j'entends parler, en ces derniers temps, des situations de non-respect auxquelles sont confrontés certains de nos compatriotes qui se déplacent en Europe comparativement à ce que se passait avec nous jadis, ça me fait très mal au cœur. Il n'y a pas un jour sans qu'un algérien ne soit maltraité voire refoulé à l'entrée sur le territoire français pour une raison ou une autre. Le comportement indigne de la police française envers nos concitoyens a dépassé toutes les limites allant jusqu'à humilier un ministre algérien détenteur d'un passeport diplomatique, en le passant à la fouille au corps à l'aéroport d'Orly à Paris il y a quelques années de ça. Franchement, de tels agissements et agressivités sont condamnables et personne ne les aurait imaginés se produire. Ceci m'a fait penser à l'ère Houari Boumediene, paix à son âme, qu'on accusait à tort de dictateur, alors qu'en réalité il était un bon autoritaire. Grâce à sa personnalité forte et à son charisme, il a fait de nous des êtres pleins de fierté et de l'Algérie un pays respectable et orgueilleux.

Ce qui justifie mes propos là-dessus, c'est cette situation concrète que j'ai vécue en France en 1982. En effet, je me souviens qu'en été de cette année-là, j'étais à l'aéroport de Marseille pour accueillir mon ami et collègue à l'école militaire O. Abderrazak, actuellement en retraite à Guelma, qui désirait me rejoindre chez mon père en vue de passer quelques jours ensemble à Aix-en-Provence.

Après l'atterrissage de l'avion, je me suis tout de suite rendu devant la porte des arrivés, je l'y ai attendu patiemment jusqu'au dernier passager qui quittait la salle sans le voir sortir. J'ai décidé alors d'aller me renseigner au niveau des informations au sujet du vol. J'ai fait à peine quelques pas quand j'entendis une voix m'appelait derrière la cloison en verre qui délimitait la grande salle d'accueil des différents locaux administratifs et professionnels de l'aéroport. C'était mon ami Abderrazak, consigné au niveau d'un bureau des polices aux frontières en instance de refoulement vers Algérie. Sans hésiter un instant, j'ai interpellé un policier qui était en train de faire ses dernières bouffées de cigarette avant de reprendre son travail. Il était en uniforme, sans le kipé et avait la veste déboutonnée et la cravate desserrée. Il faut savoir qu'en ces temps-là, fumer dans des espaces fermés n'était pas encore interdit. Après l'avoir salué et lui demandé s'il est possible de lui parler, je l'ai sollicité poliment si je pourrais récupérer mon copain se trouvant chez eux. Je lui ai expliqué qu'il s'agit de mon hôte que mon père émigré et résidant en France avait invité pour passer une petite semaine chez lui. Lorsqu'il m'avait interrogé sur ce que faisait mon ami comme métier, j'ai tout de suite sorti de ma pochette ma petite carte EOA, équivalente à celle d'étudiant dans une faculté. Je lui ai fait savoir que nous appartenions tous les deux à une école militaire formant des officiers pour l'armée nationale et populaire. Il parcouru longuement des yeux la pièce de recto et de verso, vérifia mon passeport puis me fit un geste de venir avec lui jusqu'à son bureau et de m'assoir sur une chaise. Puis, il continua seul dans un hall qui mène à des services attenants en fermant la porte derrière lui. Cette période d'attente m'était longue, stressante et anxieuse, durant laquelle je n'ai pas arrêté de prier pieusement Dieu que la réponse soit positive. Après quelques minutes, que j'ai ressenties passées comme des heures, la porte s'est rouverte, c'était le policier de retour accompagné de mon ami Abderrazak, papiers dans la main, cabas suspendu en bandoulière, content et souriant de joie. On lui a autorisé l'accès en territoire français en fin. En fait, le policier à qui je me suis adressé n'était autre que le chef de la police des frontières en personne. Malgré sa tendance silencieuse et calme, il était très attentif et sensible à notre situation. Il nous accompagna jusqu'à la sortie, alluma une autre cigarette et nous souhaita la bienvenue et de profiter au maximum de notre séjour en Hexagone.

En réalité, aucun traitement de faveur ne nous a été accordé par ces policiers français, mais c'était grâce à la réputation dont jouissait notre pays et aussi au comportement digne du respect des algériens de l'époque. C'est vrai que c'était l'ère du feu Chadli Benjdid, mais il semble que Riha taa Bouchelghouma, Allah yarhmou, chamouha fina.

je ne peux terminer ce récit sans mettre à l'honneur les personnes qui m'ont donné la vie, celles qui étaient toujours là pour moi, quoiqu'il arrive. Ainsi, je garde le mot de fin pour mes chers parents. Je leur témoigne ma reconnaissance pour leur soutien permanent, pour leur patience et leur compréhension. Si j'en suis là aujourd'hui, si je suis l'adulte que je suis devenu, c'est grâce à mes chers et adorables père et mère. Leurs conseils et leur soutien ont eu un impact durable sur ma vie.

C'est avec ta générosité, ton aide, ta tendresse et ton amour Maman, paix à ton âme, que j'ai poussé droit, grandi comme il faut, et pu réaliser plein de mes rêves. Maman, aujourd'hui je veux te dire combien je suis impressionné par la confiance que tu m'as toujours témoigné et l'éducation que j'ai reçue de toi. Quand tu as décidé avec fermeté que nous restions dans notre pays, y grandissions devant tes yeux, y étudions et y réussissions tu as assumé tes lourdes tâches glorieusement. Maman, tu as amplement illustré l'adage authentique, doux et profond: " la maman est la personne qui peut remplacer n'importe qui mais qui ne peut être remplacée par personne."

Quant à toi papa, tu étais et tu demeureras toujours le pilier de la famille. C'est avec ta présence, Dieu te préserve inchallah, que tu nous rassure. Mille mercis pour ce que tu m'as apporté, de m'avoir aidé à me construire et de faire en sorte que je ne manque de rien. J'adhère totalement à cette citation dont j'ai oublié le nom de l'auteur :" Mon père est encore un papa : c'est à dire il me protège."

Mon père lit le coran chez moi dans le balcon

Souvenirs

Il est manifeste qu'au cours de notre existence, nous traversons tous des périodes fastes et difficiles. Parfois, le bonheur auquel nous pensions éternel s'évanouit et la vie nous tourne malheureusement le dos, au point où l'on ne peut guère espérer voir le bout du tunnel. Pour ma part, je n'ai pas échappé à cette règle, d'autant plus que je ne suis pas issu d'une famille aisée. Cependant, j'ai connu des moments heureux et agréables que je tiens à révéler dans le récit de ma vie. Je ne manquerai pas non plus de relater les pires moments que j'ai traversés.

Je m'abstiendrai d'évoquer les réjouissances que nous avons connues à l'occasion de nos succès aux examens tels que le baccalauréat, de même que les festivités de nos mariages qui ont procuré une immense joie à nos parents et à nos proches. En revanche, je souhaiterais aborder les événements les plus remarquables qui ont suscité une profonde émotion chez mon père et ma mère.

Je commencerai par la naissance de mon fils, Med Oussama, événement qui a rempli mes parents de bonheur puisqu'ils sont devenus grands-parents pour la première fois. Je tiens également à mentionner son mariage, qui s'est déroulé vingt-huit ans plus tard et dont ils ont été extrêmement fiers. La cerise sur le gâteau a été la naissance de sa propre fille, qu'il a nommée Chahrazed. Mes parents sont, Dieu merci, devenus arrière-grands-parents.

Avec mon fils ainé Med Oussama, devant chez moi à Oran, de retour après circoncision en 1990.

Quant à ma fille cadette, Faiza Yasmina, elle a fait rayonner la joie dans nos cœurs en invitant ses grands-parents à assister à sa soutenance de master en informatique à l'université de Badji Mokhtar d'Annaba, et en partageant avec eux la surprise et les gâteaux. Ce fut une journée exceptionnelle, empreinte d'émotions et de fierté. Puis, lors de l'accouchement de sa fille Manissa, elle a de nouveau suscité une grande émotion chez mes parents. Malheureusement, ma mère n'a pas pu se déplacer pour la voir en raison de son état de santé, mais elle a envoyé mon père et ma défunte sœur Khemissa pour lui rendre visite. À leur retour, ils lui ont apporté des photos ainsi que la "zérira", une sorte de gâteau que les familles algériennes préparent pour célébrer la naissance de leurs filles.

Mon cher fils Sissou fut une bénédiction pour ma personne. En effet, grâce à la célébration grandiose que j'ai organisée en l'honneur de sa circoncision chez mes parents à Sedrata, j'ai réussi à apaiser ma mère qui m'en voulait beaucoup. Cette dernière ne me pardonnait pas d'avoir procédé à la circoncision de Med Oussama à Oran sans sa présence, alors que j'exerçais mes fonctions là-bas, sur la recommandation d'un médecin.

Je conserve un souvenir ému de cette grande fête à laquelle j'ai convié toutes les familles, les proches et les amis, et qui a suscité la satisfaction de ma mère.

Ma cadette, Nihad, a su raviver en moi l'espoir et l'enthousiasme qui s'étaient éteints lorsqu'elle fut frappée par une maladie grave. Elle demeura alitée onze jours durant à l'hôpital Saint Thérèse d'Annaba, et nous perdîmes presque tout espoir de la voir revenir parmi nous. Grâce à Dieu, elle parvint à recouvrer la santé et à nous apporter joie et bonheur. Cependant, elle ne s'arrêta pas là, puisqu'elle honora notre famille en réalisant une prouesse : réussir son baccalauréat avec une moyenne de 15,30/20, performance que nul n'avait jamais égalée en notre sein, pas même son oncle Aissa, médecin de profession. Cette réalisation remplit de joie et de fierté notre mère.

Cependant, la vie, pleine d'incertitudes, continue d'apporter à certains d'entre nous son lot d'émotions complexes, allant de la tristesse à l'anxiété. La perte d'un être cher nous plonge dans un abîme de sentiments inattendus. Peu importe la période, certains jours nous font vivre des moments particulièrement difficiles. La réalité est que notre cœur n'y est plus du tout. Ainsi, la vie peut malheureusement nous sembler insupportable. La douloureuse sensation de manque est plus présente que jamais.Chaque année, la liste de nos absents s'allonge de plus en plus et semble loin d'être exhaustive.

En ce qui me concerne, sans évoquer tous ceux et celles que j'ai perdus depuis que j'en ai conscience, je ne peux oublier ma défunte mère, qu'Allah yarhamha. Je la sens toujours présente. A chaque événement et occasion, des saisons de fruits qu'elle adorait aux endroits où elle aimait séjourner. Parfois, dans de telles situations, je sors inconsciemment mon téléphone pour l'appeler. Oui...

Je n'arrive pas non plus à oublier ma défunte sœur, que Dieu accueille dans son vaste paradis. Chaque fois que j'essaie de consoler sa fille ou son fils, aujourd'hui mariés tous les deux, je ne trouve pas les mots pour exprimer mes pensées.

La mort de mes deux beaux-frères et amis en même temps, Rabi yarhamhem, Miloud et son frère Waheb, m'a profondément bouleversé...

Je ne peux pas non plus oublier la perte de mes collègues, officiers, sous-officiers, djenoud, qui ont payé de leur vie le prix d'une Algérie unifiée, pour que chacun puisse y vivre en toute quiétude et sécurité. Je cite ici mon ami et camarade de promotion, le lieutenant-colonel Zaidi Hamid, le lieutenant-colonel H. Bechichi, et bien d'autres... Je pense aussi à ceux qui sont décédés récemment des suites de diverses maladies, dont le virus Corona, notamment mon ami d'enfance, le commandant Bensakhri Hamid, le colonel Benaziza Med, le lieutenant-colonel Benahmed Tahar, l'ancien médecin-chef de l'hôpital militaire de Constantine, le lieutenant-colonel Meziani Med, le lieutenant-colonel Harzallah Tarkhouch, le commandant Rehahlia, le capitaine Abbassi... Qu'Allah leur fasse miséricorde.

À l'université Badji Mokhtar d'Annaba, plusieurs enseignants et cadres nous ont également quittés, laissant un grand vide au sein de l'institution. Une grande tristesse a envahi leurs familles et proches. Qu'Allah leur fasse miséricorde, qu'il les console et les soutienne. Je mentionne notamment le professeur Madi, l'ancien doyen de la faculté des sciences commerciales de Sidi Achour, M. Yahi Lamri, l'ancien chef du département de français. Que leur âme repose en paix.

Face à cette situation difficile, chacun d'entre nous réagit de manière distincte à la perte, et la douleur peut entraîner diverses réactions. Toutefois, il importe de faire face à cette douloureuse vérité avec courage sans la nier de manière catégorique. Plutôt que de ternir le bonheur de notre entourage, nous cherchons à honorer la mémoire de nos êtres chers disparus, en ayant recours à un geste symbolique tel que l'évocation d'un souvenir heureux, la formulation d'une invocation ou encore la méditation d'une tendre pensée à leur égard, comme nous l'avons toujours fait. Quant à l'entourage, celui-ci peut jouer un rôle important en soutenant, aidant et apaisant les circonstances ayant entraîné cette situation difficile, grâce à sa compréhension.

Hommages

A toi adorable maman

Le mois prochain marquera le troisième anniversaire du départ de ma défunte mère, Hadja Yamina, paix à son âme, qui nous a quitté il y a 1095 jours. Cette année passée sans elle a été remplie de souvenirs de sa sagesse qui éclairait ma vie, de ses conseils qui allégeaient mes soucis, et de ses prières qui me soutenaient dans les moments difficiles. Chaque jour, je ressens le poids de sa perte, et les qualités qu'elle m'a transmises, telles que l'amour, la tendresse, la bonté, et la chaleur, me manquent terriblement.

Ma défunte mère adorait la campagne

Je suis conscient que ma mère bien-aimée a choisi de rejoindre le Paradis de notre Seigneur, mais ce troisième anniversaire de son départ est un rappel poignant de son absence. Depuis son départ, j'ai réalisé à quel point sa présence était importante dans ma vie, et je regrette chaque moment que je n'ai pas pu passer à ses côtés.

Je prie Allah, l'Exalté, de couvrir ma mère de Sa miséricorde, de la faire entrer dans les plus hauts niveaux du Paradis, et de nous permettre, à moi et à ma famille, d'être une aumône continue pour elle. Que nous soyons réunis avec elle et avec tous ceux qui ont prié pour elle en cette journée de commémoration, le Jour du Jugement. Amine.

A toi sœur Khémissa ;

Lorsqu'une personne qui nous est chère nous quitte, elle ne meurt pas tant que nous pensions toujours à elle et tant que nous continuions à perpétuer le souvenir. Comme l'avait dit l'écrivain franco-américain Martin Gray, en racontant son drame d'avoir perdu des êtres chers à trois reprises, le laissant seul survivant: « On croit que la mort est une absence, quand elle est une présence discrète. On croit qu'elle crée une infinie distance, alors qu'elle supprime toute distance, en ramenant à l'esprit ce qui se localisait dans la chair. »

Aujourd'hui, ça fait une année qui vient de s'écouler jour pour jour, depuis la tragique mort de ma chère sœur. Je sais qu'un hommage ne fait que m'émouvoir aux larmes, mais c'est aussi le seul moyen pour m'apaiser. Je pleure lorsque j'écris ces mots. Je pleure lorsque je les relis.Ca me fait énormément de mal, …mais, je continue d'écrire ces petits mots dans l'espoir que ceci me console. En fin, je l'espère bien.

De nature certains vivent longtemps, certains vivent peu, d'autres se contentent d'exister. Toi sœur, tu te battais chaque jour pour reculer l'échéance. Ton courage, ton obstination étaient incroyables. Durant le parcours de ta vie, toutes les maladies ne t'ont pas fait de cadeaux. Elles ne t'ont guère épargnée (opération chirurgicale sur la vésicule, la hernie, tes maladies chroniques…). Elles t'ont mise au tapis plusieurs fois. Mais toi, tu te relevais toujours. Encore et encore. Tu rendais coups sur coups. Jusqu'à ce qu'arrive cette pandémie maudite, la Covid 19. Cet adversaire était impitoyable avec toi, coriace et déterminant. Tu savais que tu allais perdre mais tu as résisté malgré tous les diagnostiques les plus fatalistes.

Je garderai éternellement en mon esprit cette image de toi, branchée à toute sorte d'appareillages de réanimation, luttant courageusement contre la fatalité qui te guettait de toutes parts en lisant sans cesse, sans te fatiguer les versets coraniques sur ton portable jusqu'à la dernière minute. Après une dizaine de jours de lutte contre ce virus qui t'a rongé peu à peu, et dans l'espoir de te voir sortir pour quelques temps encore avant que tu replonge, ton calvaire prit fin à l'hôpital de Constantine. Mon Dieu, quelle terrible fin ! La houla ouala kouata illa billah aladim.

Lors de ma dernière visite, je ne t'ai pas dit adieu. Car j'espérais te revoir une autre fois. Je me rappelle bien quand, et avec un geste ferme, tu m'avais demandé de m'éloigner de ton lit de peur que je sois contaminé malgré cette tenue de protection que je portais. J'avais voulu te serrer une dernière fois dans mes bras. Hélas, j'ai appris la nouvelle à trois heures, le matin du jour qui suit. Je n'arrivais pas à y croire, c'était comme dans un mauvais rêve. Te voilà partie. J'ai énormément du mal à m'y faire. Il me faudra du temps. Tu laisses un grand vide en mon cœur.

Avec l'approche du mois sacré de Ramadan, mes prières te sont adressées dans ce monde Au-delà, qui est aujourd'hui le tien. Ma sœur, je ne t'oublierai jamais, merci d'avoir été la sœur que tu as été.

A toi beau frère et ami Miloud Ferrah ;

Il est dit qu'un hommage peut nous émouvoir aux larmes, mais il contribue aussi à nous apaiser. Il nous amène à comprendre que de faire face aux pertes ne signifie pas d'oublier la personne qui nous quitte, mais de vivre avec le souvenir de ce qu'elle nous a apporté.

Miloud Ferrah en fait, était pour moi un homme d'un genre bien à lui-même, un beau-frère exceptionnel, bien plus, il était un excellent ami. Même après tant d'années d'absence (décès), jamais je n'ai pu l'oublier. Pour ceux qui ne connaissent pas Miloud, j'essayerais de le leur présenter brièvement dans cette courte biographie.

Miloud fils de Laarbi Ferrah dit Bahora (je reviendrai sur l'origine de cette appellation dans une autre publication qui lui sera spécialement consacrée), connu communément par sa Citroën traction, et de la défunte Aicha Beya fille de hadj Ahmed Bahora. Il est né le 20/03/1955 et décédé le 28/04/2016 après une longue maladie à Sedrata. Il est le cadet de ses cinq frères et sœurs (deux hommes et trois femmes). Après ses études au primaire, au moyen et au lycée, il décrochait son diplôme en psychologie à l'université de Constantine et fut recruté aussitôt au niveau de l'hôpital de sa ville natale, à ma connaissance comme premier psychologue clinicien dans cette structure. C'est là où il a passé aussi son service militaire sous forme civil. Selon le témoignage de Cheikh Friekh, lors d'une allocution d'hommage au cimetière le jour de l'enterrement, Miloud, dans son domaine, fut l'un des cadres sedratiens qui ont servi loyalement la population de la ville notamment en ce qui concerne les jeunes adolescents.

En dehors de ses compétences professionnelles, Miloud, bien habillé, était toujours content de son apparence. On peut saisir cette certitude de sa démarche fière, vif et aussi élégant, un vrai psychologue émérite.

Quant à son caractère, Il reste l'une des personnes les plus gentilles que j'ai pu avoir autour de moi. Un excellent homme, loyal et calme, ayant le cœur sur la main ne pense qu'à aider les gens et à faire du bien. Si on a besoin de conseil, il est toujours prêt à en donner et à montrer la meilleure solution du problème. Bien cultivé, instruit, sa plus haute qualité c'est son honnêteté, sa droiture.

Le seul comportement que je ne peux pas apprécier en lui, c'est son altruisme excessif. C'est l'homme empathique, il partage tout sans attendre un retour et accepte tout sans protester ce que lui arrive. Parfois, il se plaint de l'absurdité, et même dans ce cas, il ne perd jamais le sens d'humour. Il se met à rigoler avec sa situation, et il voit la vie en rose.

Avec sa patience immense, sa sagesse, sa forte personnalité et même tous ses défauts, Miloud demeure l'un parmi les précieux amis que j'ai connus dans ma vie.

A toi cher Hamid Bensakhri ;

Aujourd'hui, je trouve tellement triste de parler au passé de mon ami d'enfance, d'école et de travail feu Bensakhri Hamid. Mais hélas, son souffle s'est arrêté un certain 04 octobre 2020, à l'âge de soixante ans, à cause de la maudite pandémie de Corona virus au niveau de l'hôpital militaire de Constantine.

Son désir de construire sa vie telle qu'il la concevait a été exaucé. Que ce soit à travers son travail en tant qu'officier dans l'armée qui le passionnait ou aussi dans ses rôles de père et grand-père dans lesquels il se fondait à la perfection. Les récits de nos aventures et nos humours me font encore sourire. Ces moments intenses de bonheur resteront scellés dans ma mémoire et mon cœur.

Puisse-t-il reposer en paix inchallah.

A toi docteur Kamel Bouras ;

Je voudrais en quelques mots dresser une empreinte d'affection et de reconnaissance, à l'égard du défunt Docteur Kamel Bouras Allah yarhmou.

Pour moi, évoquer une figure emblématique de cette taille est une tâche des plus difficiles. Rendre hommage à un médecin passionné par son métier et qui n'a à aucun moment hésité à prendre en charge médicale (consultation, soins et règlements d'ordonnances) tout démunis et nécessiteux à fond de cale, franchement ça dépasse mes capacités. Celles et ceux qui l'ont connu et côtoyé décrivent un homme exceptionnel. Les hommages sont quasiment unanimes de la part des patients qu'il a traités et de tous les autres autochtones. En plus de ses compétences dans le domaine, sa sympathie, sa disponibilité, son altruisme lui confèrent amplement un type de caractéristiques supplémentaire qui constitue ce qu'on appelle une identité sociale.

A mon humble avis, un travail d'orfèvre pareil ne peut être confié qu' à une bonne plume qui écrit avec beaucoup de style, capable de faire le travail de la manière d'un scientifique, d'un historien spécialiste qui collecte différentes sources (écrits, images, témoignages, documents...) se rapportant à la personnalité ou à l'événement. Sincèrement, la personne en laquelle je vois cette aptitude n'est autre que le docteur LAHLOU Yacine, qui je tiens à saluer chaleureusement par l'occasion. En effet, outre son métier de médecin et de sa grande culture générale, il est aussi poète. Si on doit se référer à Fénelon : " un excellent historien est peut-être encore plus rare qu'un bon poète". Alors là, on a la chance d'avoir les deux à la fois ! Puis, j'ai pu aussi et à travers ses publications "chroniques sedratiennes" ‹ admirer en lui cette patience de recherche en tout ce qui concerne Sedrata et ses personnalités historiques. Un vrai gardien de l'histoire.

Le défunt Dr. Kamel Bouras avec ma mère devant notre maison à Sedrata accompagnant mon fils Sissou après circoncision

Je reviens maintenant aux circonstances dans lesquelles nous sommes, Kamel et moi, devenus très proches. Il y a bien sûr les copains d'enfance mais on peut aussi nouer des amitiés très fortes à tout âge. C'était le cas pour nous deux. En fait, notre amitié ne datait pas de si longtemps.Cela est dû essentiellement à deux raisons.

La première, est que lui et moi nous n'appartenions pas à une même génération. Il faisait partie de celle appelée "d'or". Cette génération d'intellectuels, en particulier, dont les acteurs avaient su porter dignement l'Algérie sur les épaules dès les premiers jours de l'indépendance. Ils ont réussi à relever le défi dans toutes les missions qui leurs ont été confiées et dans tous les domaines (l'éducation, l'administration, l'armée, la médecine, l'agronomie, le sport...). Alors qu'à cette époque, j'étais dans mes premières années d'école primaire... Je me rappelle avoir même étudié chez plusieurs parmi eux au CEG (Hama Bouakez, Taher Nadji, Liamine Belhouchet, Mme Touati dite teacher, Mme Bellar, Mr. Ghodbani...)et par la suite au lycée (Athmani, Ahmed Bouras en tant que SG, Oueld oufroukh, Madjid Mellal sport...). D'ailleurs, c'est grâce à eux que nous devrions notre formation.

La deuxième raison est que j'ai rejoint l'école militaire immédiatement après le lycée. Bien évidemment, les conditions de travail s'étaient imposées et m'avez empêchées d'être présent à Sedrata pour des longues durées.

Tout le mérite d'avoir découvert Kamal revient à deux personnes.

Il s'agit d'abord de mon frère, le Dr Aissa Lahouam. Ainsi, après avoir obtenu son diplôme de la Faculté de médecine, il a débuté sa carrière par assurer des remplacements au niveau du cabinet du Dr Yacine Lahlou. Pour continuer cette même activité avec le Dr Kamal Bouras, que Dieu l'accueille dans son vaste Eden. Comme ce dernier était souvent en déplacement, les remplacements s'étaient perpitués et une forte amitié s'est tissée entre les deux et qui s'est élargie aux deux familles. Kamal m'avait même dit une fois: "...tu sais Moussa, ton frère, à force qu'il prenait en charge ma mère durant mon absence elle, n'acceptait plus maintenant aucun autre traitement que celui de Aissa".

La deuxième personne qui a beaucoup contribué à la consolidation de ma relation avec Kamal est mon ami d'enfance, Taher Chorfi. Quand je suis en permission, Il m'emmenait souvent chez lui dans son cabinet et pour prolonger nos rencontres, on se donnait rendez-vous d'abord au café du défunt Saddik Madkour Allah yarhmou, puis c'est au café du beau-frère de notre respectueux ami, le Dr Baghdouch Lamnaouar pour terminer la soirée avec des parties de goinche très animées en présence de Kadour dentiste, mon frère, Farid Tazer, Lakhdar Haddad, Toutou...

La dernière fois que j'ai vu Kamal, c'était après son retour de son long voyage pour se faire soigner en France, avant qu'il soit transféré par la suite sur l'hôpital le Carraoubier à Annaba. Chaque soir, je lui portais les journaux qu'il lisait et des tablettes de chocolat avec. Je le trouvais allongé sur son lit partageant le même box au Rez de chaussée de l'hôpital avec un autre patient. Ses deux filles, paix à leurs âmes , se tennaient à ses côtés, et parfois aussi sa femme. Le sourire ne quittait jamais son visage, il riait comme d'habitude lorsque nous nous évoquions certaines anecdotes ou événements que nous avions vécus ensemble. Il plaisantait avec ses deux filles à chaque fois que je lui rendais visite en leur disant : "je sais pourquoi vous êtes restées si tard, c'est parce que vous attendiez que le chocolat arrive", c'était pour nous faire rire bien sûr.

Je me souviens que je lui ai proposé de l'emmener faire un tour en voiture sur la corniche d'Annaba, et Seraidi.

Il est resté silencieux pendant un moment, puis m'a répondu : "Pas aujourd'hui, peut-être une autre fois, si Dieu le veut."

C'était la dernière fois que je lui parlais, et les derniers mots que j'ai entendus de lui. Rabi arhamhou birahmatika lati ouasseat koula chaia.

De la campagne à l'accomplissement de soi : une autobiographie inspirante

Chers lecteurs,

C'est avec une immense gratitude que je vous présente mon premier livre autobiographique intitulé "Récit de la vie d'un jeune de la campagne". Cet ouvrage représente pour moi bien plus qu'un simple livre, c'est le fruit d'un travail acharné, de nuits blanches, de doutes mais aussi de beaucoup de joie et de fierté.

Je tiens à remercier toutes les personnes qui m'ont soutenu dans cette entreprise, mes amis, ma famille, mes éditeurs et mes conseillers. Sans votre aide, votre patience et vos précieux conseils, je n'aurais jamais pu mener à bien ce projet.

Ce livre est le témoignage de mon parcours, de mes victoires et de mes échecs. Il est le reflet de l'enfant de la campagne que j'étais et de l'adulte que je suis devenu. J'ai voulu partager avec vous mon histoire, mes rêves, mes espoirs et mes peurs, en espérant vous inspirer et vous donner envie de croire en vous-mêmes.

En vous livrant mes souvenirs et mes expériences, j'ai voulu vous offrir un moment de lecture agréable et vous permettre de vous évader, de réfléchir et de vous enrichir. J'espère que vous prendrez autant de plaisir à lire ce livre que j'en ai eu à l'écrire.

Enfin, je souhaite adresser un message d'optimisme à tous mes lecteurs. Nous avons tous des défis à relever, des obstacles à surmonter, mais il ne faut jamais perdre espoir. La vie est belle, pleine de surprises et d'opportunités. Il suffit de croire en soi, de travailler dur et de ne jamais abandonner ses rêves.

Merci encore pour votre soutien et votre intérêt pour mon livre. Je suis impatient de partager avec vous de nouvelles aventures et de nouveaux projets.

Avec toute ma reconnaissance, Moussa LAHOUAM

Printed by Books on Demand GmbH, Norderstedt / Germany